21世纪高职高专财经类专业规划教材

SHENJISHIXUN

审计实训

U0814221

主　编：邹德军

副主编：刘长涛　王益人

编　委：（按姓氏笔画排序）

王益人　刘长涛　杨小红　欧兆威　邹德军

前 言

自《审计基础》出版以后，我们感觉在审计教学中需要一部针对高等职业教育的审计实训教材，而目前审计实训材料十分缺乏，于是我们萌生了编写面向一线具体实际操作的审计实训教材的想法。经过数度推敲，我们决定结合教育部16号文工学结合的精神，改变以往分章节的编写体例，尝试用项目驱动的体例编写本教材。

审计工作具有团队协作的特点，这使审计人才需求呈现多样化的趋势，在企事业单位一线从事具体审计工作的技术和管理人才将是多样化中重要的一极。高职教育培养的人才主要面向一线审计具体操作岗位。本教材主要是针对高等职业教学需要而编写，力图满足培养这部分人才的需要。在编撰过程中立足理论够用、重在实践的思路，注重结合高等职业教育人才培养的教学内容、方法和课程体系特点，充分体现应用型人才培养中工学结合的特色：

1. 注重基本技术方法和实务技能的结合。为突出应用型人才培养的特色，本教材在编写中比较详细地介绍了主要审计程序、具体技术和主要审计工作底稿，并重点介绍了当前经济环境下，企业开展年度财务报告审计活动的主要过程、方法和技术的应用，以培养学生分析和解决现实问题的能力。

2. 注重实训材料的逼真性。审计实训需要的材料关系到各个企事业单位的商业机密，在实训教学中很难取得，我们准备了多套仿真的资料，并将审计中面临的典型问题设计到实训材料中，以提高实训的效果。这些实训材料将作为教学支持资料免费提供给各位老师，欢迎索取(zoudejun@126.com)。

本教材编写分工为：刘长涛编写实验单元一，王益人编写实验单元二，杨小红编写实验单元三，邹德军编写实验单元四，欧兆威编写实验单元五。全书由邹德军主编并统稿，刘长涛、王益人担任副主编。

在本教材编写过程中，参阅了大量文献，从中受到不少启发和帮助。中南大学出版社领导，尤其是谭晓萍编辑和张曦编辑为本书的出版和发行倾注了极大热情和努力。在此一并向他们表示诚挚的感谢！

本教材为方便教师的教学工作，备有电子版实训底稿、电子教案、电子课件和相关实训材料，各位老师可以选择使用，欢迎索取。

本教材可以作为高等职业院校中审计、工商管理等经济管理类专业的审计基础教材，也可以作为有一定经济管理知识的专业人士学习审计的材料，还可以作为从事审计工作人员的参考书。

由于时间和编者水平有限，可能存在一些疏漏和错误之处，恳请得到读者批评、指正！

编 者

2008 年 5 月于广州白云山

目 录

实训单元一　总体审计风险评估

实训一　了解被审计单位及其环境

一、了解被审计单位及其环境的目的

审计人员应当了解被审计单位及其环境，以足够识别和评估财务报表重大错报风险，设计和实施进一步审计程序。了解被审计单位及其环境是必要程序，特别是它能为下列职业判断提供重要基础：

(1)确定重要性水平，并随着审计工作的进程评估对重要性水平的判断是否仍然适当；

(2)考虑会计政策的选择和运用是否恰当，以及财务报表的列报(包括披露，下同)是否适当；

(3)识别需要特别考虑的领域，包括关联方交易、管理层运用持续经营假设的合理性，或交易是否具有合理的商业目的等；

(4)确定在实施分析程序时所使用的预期值；

(5)设计和实施进一步审计的程序，以将审计风险降至可接受的低水平；

(6)评价所获取审计证据的充分性和适当性。

了解被审计单位及其环境是一个连续和动态地收集、更新与分析信息的过程，贯穿于整个审计过程的始终。应当运用职业判断确定需要了解被审计单位及其环境的程度。

二、了解被审计单位及其环境的主要内容

在审计的最初阶段，主要了解被审计单位及其环境的下述内容：

(1)了解被审计单位的行业状况。主要包括：所在行业的市场供求与竞争；生产经营的季节性和周期性；产品生产技术的变化；能源供应与成本；行业的关键指标和统计数据。

(2)了解被审计单位所处的法律环境及监管环境。主要包括：适用的会计准则、会计制度和行业特定惯例；对经营活动产生重大影响的法律法规及监管活动；对开展业务产生重大影响的政府政策，包括货币、财政、税收和贸易等政策；与被审计单位所处行业和所从事经营活动相关的环保要求。应当考虑被审计单位所在行业的业务性质或监管程度是否可能导致特定的重大错报风险，考虑项目组是否配备了具有相关知识和经验的成员。

(3)了解影响被审计单位经营的其他外部因素。主要包括：宏观经济的景气度；利率和资金供求状况；通货膨胀水平及币值变动；国际经济环境和汇率变动。

(4)了解被审计单位的组织结构，考虑复杂组织结构可能导致的重大错报风险，包括财务报表合并、商誉摊销和减值、长期股权投资核算以及特殊目的实体核算等问题。

(5)了解被审计单位的治理结构，考虑治理层是否能够在独立于管理层的情况下对被审

计单位事务（包括财务报告）做出客观判断，所有权结构以及所有者与其他人员或单位之间的关系。

（6）了解被审计单位的经营活动。主要包括：主营业务的性质；与生产产品或提供劳务相关的市场信息；业务的开展情况；联盟、合营与外包情况；从事电子商务的情况；地区与行业分布；生产设施、仓库的地理位置及办公地点；关键客户；重要供应商；劳动用工情况；研究与开发活动及其支出；考虑关联方关系是否已经得到识别，以及关联方交易是否得到恰当核算。

（7）了解被审计单位的投资活动。主要包括：近期拟实施或已实施的并购活动与资产处置情况；证券投资、委托贷款的发生与处置；资本性投资活动，包括固定资产和无形资产投资，以及近期或计划发生的变动；不纳入合并范围的投资。

（8）了解被审计单位的筹资活动。主要包括：债务结构和相关条款，包括担保情况及表外融资；固定资产的租赁；关联方融资；实际受益股东；衍生金融工具的运用。

三、了解被审计单位及其环境的主要工作底稿

表1－1

业务承接评价表

被审计单位：	索引号：AA
项目：业务承接评价表	财务报表截止日/期间：
编制：	复核：
日期：	日期：

1．客户法定名称（中/英文）：

2．客户地址：

____

电话：________________ 传真：________________

电子信箱：________________ 网址：________________

联系人：________________

3．客户性质（国有/外商投资/民营/其他）：

____

4．客户所属行业、业务性质与主要业务：

____

____

____

5．最初接触途径（详细说明）：

（1）本所职工引荐____________________

（2）外部人员引荐____________________

（3）其他（详细说明）____________________

6．客户要求我们提供审计服务的目的以及出具审计报告的日期：

____

____

____

7. 治理层及管理层关键人员(姓名与职位):

姓　　名	职　　位

8. 主要财务人员(姓名与职位):

姓　　名	职　　位

9. 直接控股母公司、间接控股母公司、最终控股母公司的名称、地址、相互关系、主营业务及持股比例:

10. 子公司的名称、地址、相互关系、主营业务及持股比例:

11. 合营企业的名称、地址、相互关系、主营业务及持股比例:

12. 联营企业的名称、地址、相互关系、主营业务及持股比例:

13. 分公司名称、地址、相互关系、主营业务:

14. 客户主管税务机关:

15. 客户法律顾问或委托律师(机构、经办人、联系方式):

____

16. 客户常年会计顾问(机构、经办人、联系方式):

____

17. 前任审计人员(机构、经办人、联系方式)、变更会计师事务所的原因以及最近三年变更会计师事务所的频率:

____

____

____

18. 根据对客户及其环境的了解,记录下列事项:

客户的诚信		
信息来源: 例如: ● 与为客户提供专业会计服务的现任或前任人员进行沟通,并与其讨论; ● 向会计师事务所其他人员、监管机构、金融机构、法律顾问和客户的同行等第三方询问; ● 从相关数据库中搜索客户的背景信息。		
考　虑　因　素	等　第 ABCD	备　注
● 客户主要股东、关键管理人员、关联方及治理层的身份和商业信誉 ● 客户的经营性质 ● 客户主要股东、关键管理人员及治理层对内部控制环境和会计准则等的态度 ● 客户是否过分考虑将会计师事务所的收费维持在尽可能低的水平 ● 工作范围受到不适当限制的迹象 ● 客户可能涉嫌洗钱或其他刑事犯罪行为的迹象 ● 变更会计师事务所的原因 ● 关键管理人员是否更换频繁……		

经营风险		
信息来源: 例如:从相关数据库中搜索客户的背景信息。		
考　虑　因　素	等　第 ABCD	备　注
● 行业内类似企业的经营业绩 ● 法律环境 ● 监管环境 ● 受国家宏观调控政策的影响程度 ● 是否涉及重大法律诉讼或调查 ● 是否计划或有可能进行合并或处置资产 ● 客户是否依赖主要客户(来自该客户的收入占全部收入的大部分)或主要供应商(来自该供应商的采购占全部采购的大部分) ● 管理层是否倾向于异常或不必要的风险 ● 关键管理人员的薪酬是否基于客户的经营状况确定 ● 管理层是否在达到财务目标或降低所得税方面承受不恰当的压力……		

财务状况		
信息来源： 例如：近三年财务报表。		
考　虑　因　素	等第 ABCD	备注
• 现金流量或营运资金是否能够满足经营、债务偿付以及分发股利的需要 • 是否存在对发行新债务和权益的重大需求 • 贷款是否延期未清偿，或存在违反贷款协议条款的情况 • 最近几年销售、毛利率或收入是否存在恶化的趋势 • 是否涉及重大关联方交易 • 是否存在复杂的会计处理问题 • 客户融资后，其财务比率是否恰好达到发行新债务或权益的最低要求 • 是否使用衍生金融工具 • 是否经常在年末或临近年末发生重大异常交易 • 是否对持续经营能力产生怀疑……		

客户的风险级别（高/中/低）：______________________

19. 根据本所目前的情况，考虑下列事项：

项目组的时间和资源		
考　虑　因　素	是否	备注
• 根据本所目前的人力资源情况，是否拥有足够的具有必要素质和专业胜任能力的人员组建项目组 • 是否能够在提交报告的最后期限内完成业务		

项目组的专业胜任能力		
考　虑　因　素	是否	备注
• 初步确定的项目组关键人员是否熟悉相关行业或业务对象 • 初步确定的项目组关键人员是否具有执行类似业务的经验，或是否具备有效获取必要技能和知识的能力 • 在需要时，是否能够得到专家的帮助 • 如果需要项目质量控制复核，是否具备符合标准和资格要求的项目质量控制复核人员		

独立性	等第 ABCD	备注
经　济　利　益		
考虑因素： 本所或项目组成员是否存在经济利益对独立性的损害： • 与客户存在专业服务收费以外的直接经济利益或重大的间接经济利益 • 过分依赖向客户收取的全部费用 • 与客户存在密切的经营关系 • 过分担心可能失去业务 • 可能与客户发生雇佣关系 • 存在与该项审计业务有关的或有收费		

独立性	等第 ABCD	备注
自　我　评　价		
考虑因素： 本所或项目组成员是否存在自我评价对独立性的损害： • 项目组成员曾是客户的董事、经理、其他关键管理人员或能够对本业务产生直接重大影响的员工 • 为客户提供直接影响财务报表的其他服务 • 为客户编制用于生成财务报表的原始资料或其他记录		
关　联　关　系		
考虑因素： 本所或项目组成员是否存在关联关系对独立性的损害： • 与项目组成员关系密切的家庭成员是客户的董事、经理、其他关键管理人员或能够对本业务产生直接重大影响的员工 • 客户的董事、经理、其他关键管理人员或能够对本业务产生直接重大影响的员工是本所的前高级管理人员 • 本所的高级管理人员或签字审计人员与客户长期交往 • 接受客户或其董事、经理、其他关键管理人员或能够对本业务产生直接重大影响的员工的贵重礼品或超出社会礼仪的款待		
外　界　压　力		
考虑因素： 本所或项目组成员是否存在外界压力对独立性的损害： • 在重大会计、审计等问题上与客户存在意见分歧而受到解聘威胁 • 受到有关单位或个人不恰当的干预 • 受到客户降低收费的压力而不恰当地缩小工作范围		

预计收取的费用及可回收比率
预计审计收费： 预计成本（计算过程）： 可回收比率：

20. 其他方面的意见：

项目负责合伙人：
基于上述方面，我们________（接受或不接受）此项业务。
签名____________________
日期____________________

风险管理负责人（必要时）：
基于上述方面，我们________（接受或不接受）此项业务。
签名____________________
日期____________________

最终结论：   签名：__________　　　　　　日期：__________

实训二　初步评价被审计单位内部控制

一、初步评价被审计单位内部控制的目的

初步评价与审计相关的内部控制目的是识别潜在错报的类型，考虑导致重大错报风险的因素，以及设计和实施进一步审计程序的性质、时间和范围。

内部控制是被审计单位为了合理保证财务报告的可靠性、经营的效率和效果以及对法律法规的遵守，由治理层、管理层和其他人员设计和执行的政策和程序。内部控制包括下列要素：控制环境；风险评估过程；信息系统与沟通；控制活动；对控制的监督。重点考虑被审计单位某项控制，是否能够以及如何防止或发现并纠正各类交易、账户余额、列报存在的重大错报。

如果小型被审计单位通常采用非正式和简单的内部控制实现其目标，参与日常经营管理的业主（以下简称业主）可能承担多项职能，内部控制要素没有得到清晰区分，应当综合考虑小型被审计单位内部控制要素能否实现其目标。

如果通过对内部控制的了解发现下列情况，并对财务报表局部或整体的可审计性产生疑问，审计人员应当考虑出具保留意见或无法表示意见的审计报告：

如果被审计单位会计记录的状况和可靠性存在重大问题，不能获取充分、适当的审计证据，可以出具无法表示意见的审计报告；

如果对管理层的诚信存在严重疑虑，审计人员应当考虑解除业务约定。

二、初步评价被审计单位内部控制的内容

审计主要关注的内部控制，包括被审计单位为实现财务报告可靠性目标设计和实施的控制。审计人员应当运用职业判断，考虑一项控制单独或连同其他控制是否与评估重大错报风险以及针对评估的风险设计和实施进一步审计程序有关。

在运用职业判断时，审计人员应当考虑下列因素：重要性水平；被审计单位的性质；被审计单位的规模；被审计单位经营的多样性和复杂性；法律法规和监管要求；作为内部控制组成部分的系统的性质和复杂性。如果在设计和实施进一步审计程序时拟利用被审计单位内部生成的信息，应当考虑用以保证该信息完整性和准确性的控制可能与审计相关。如果用以保证经营效率、效果的控制以及对法律法规遵守的控制与实施审计程序时评价或使用的数据相关，应当考虑这些控制可能与审计相关。

用以保护资产的内部控制可能包括与实现财务报告可靠性和经营效率、效果目标相关的控制。审计人员在了解保护资产的内部控制各项要素时，可仅考虑其中与财务报告可靠性目标相关的控制。了解内部控制时，应当评价控制的设计，并确定其是否得到执行。评价控制的设计是指考虑一项控制单独或连同其他控制是否能够有效防止或发现并纠正重大错报。控制得到执行是指某项控制存在且被审计单位正在使用。

设计不当的控制可能表明内部控制存在重大缺陷，审计人员在确定是否考虑控制得到执行时，应当首先考虑控制的设计。

审计人员通常实施下列风险评估程序，以获取有关控制设计和执行的审计证据：询问被审计单位的人员；观察特定控制的运用；检查文件和报告；追踪交易在财务报告信息系统中的处理过程(穿行测试)。

询问本身并不足以评价控制的设计以及确定其是否得到执行，审计人员应当将询问与其他风险评估程序结合使用。项目组内的讨论也是控制风险的重要途径之一。

在被审计单位整体层面了解和评价内部控制的工作包括：了解被审计单位整体层面内部控制的设计，并记录所获得的了解；针对被审计单位整体层面内部控制的控制目标，记录相关的控制活动；执行询问、观察和检查程序，评价控制的执行情况；记录在了解和评价整体层面内部控制的设计和执行过程中存在的缺陷以及拟采取的应对措施。

三、初步评价被审计单位内部控制信息技术的特殊内容

信息技术通常能够提高被审计单位内部控制的效率和效果，但是也会产生一些特殊风险。了解信息技术对内部控制产生的特定风险：系统或程序未能正确处理数据，或处理了不正确的数据，或两种情况同时并存；在未得到授权情况下访问数据，可能导致数据的毁损或对数据不恰当的修改，包括记录未经授权或不存在的交易，或不正确地记录了交易；信息技术人员可能获得超越其履行职责以外的数据访问权限，破坏了系统应有的职责分工；未经授权改变主文档的数据；未经授权改变系统或程序；未能对系统或程序作出必要的修改；不恰当的人为干预；数据丢失的风险或不能访问所需要的数据。

在了解内部控制时，审计人员应当考虑被审计单位是否通过建立有效的控制，以恰当应对由于使用信息技术系统而产生的风险。除非存在某些可以使控制得到一贯运行的自动化控制，审计人员对控制的了解并不能够代替对控制运行有效性的测试。

四、初步评价被审计单位整体层面内部控制工作底稿

表 1－2

了解和评价整体层面内部控制汇总表

被审计单位：	索引号：BB－1
项目：了解和评价整体层面内部控制汇总表	财务报表截止日/期间：
编制：	复核：
日期：	日期：

1. 整体层面内部控制要素：

整体层面内部控制要素	是否进行了解
控制环境	
被审计单位的风险评估	
与财务报告相关的信息系统与沟通	
对控制的监督	

2. 了解整体层面内部控制：

根据对整体层面内部控制的了解，记录如下：

(1)是否委托其他服务机构执行主要业务活动？如果被审计单位使用其他服务机构，将对审计计划产生哪些影响？

(2)是否制定了相关的政策和程序以保持适当的职责分工？这些政策和程序是否合理？

(3)自前次审计后，被审计单位的整体层面内部控制是否发生重大变化？如果已发生变化，将对审计计划产生哪些影响？

(4)是否识别出非常规交易或重大事项？如果已识别出非常规交易或重大事项，将对审计计划产生哪些影响？

(5)在了解整体层面内部控制过程中是否进一步识别出其他风险？如果已识别出其他风险，将对审计计划产生哪些影响？

3. 信息技术一般控制采用的系统：

应用软件

应用系统的名称	计算机运行环境	来源	初次安装日期

初次安装后对信息系统进行的重大修改、开发与维护

应用系统	修改	修改日期

拟于将来实施的重大修改、开发与维护计划

本年度对信息系统进行的重大修改、开发与维护及其影响

4. 在整体层面了解内部控制的结论：

控制要素	识别的缺陷	是否属重大缺陷（是/否）	索引号	列入与管理层沟通事项（是/否）	列入与治理层沟通事项（是/否）

注：表明内部控制存在重大缺陷的情形可能包括：审计人员在审计工作中发现了重大错报，而被审计单位的内部控制没有发现；控制环境薄弱、存在高层管理人员舞弊迹象（无论涉及金额大小）等。

表 1－3

项目组讨论纪要——风险评估

被审计单位：	索引号：BC
项目：项目组讨论纪要——风险评估	财务报表截止日/期间：
编制：	复核：
日期：	日期：

会议日期：

会议地点：

参加人员：

讨论内容记录：

例如：

1. 被审计单位的总体情况和报告要求；
2. 对于连续审计业务，总结上年审计工作情况以识别重要问题；
3. 被审计单位及其环境的重大变化；
4. 财务报表容易发生错报的领域及发生错报的方式；
5. 重要审计事项和风险领域；
6. 发生舞弊导致的重大错报风险的可能性；
7. 重要性水平的设定；
8. 总体审计策略；

……

实训三　识别和评估财务报表层次和认定层次的重大错报风险

一、识别和评估重大错报风险的目的

在识别和评估财务报表层次以及各类交易、账户余额、列报认定层次的重大错报风险时，审计人员应当实施下列审计程序：①在了解被审计单位及其环境的整个过程中识别风险，并考虑各类交易、账户余额、列报；②将识别的风险与认定层次可能发生错报的领域相联系；③考虑识别的风险是否重大；④考虑识别的风险导致财务报表发生重大错报的可能性；⑤利用实施风险评估程序获取的信息，包括在评价控制设计和确定其是否得到执行时获取的审计证据，作为支持风险评估结果的审计证据。

识别和评估财务报表层次和认定层次的重大错报风险的目的是确定实施进一步审计程序的性质、时间和范围。

审计人员对认定层次重大错报风险的评估应以获取的审计证据为基础，并可能随着不断获取审计证据而作出相应的变化。

如果通过实施进一步审计程序获取的审计证据与初始评估获取的审计证据相矛盾，审计人员应当修正风险评估结果，并相应修改原计划实施的进一步审计程序。

二、识别和评估重大错报风险的主要内容

审计人员应当关注下列事项和情况可能表明被审计单位存在重大错报风险：

(1)在经济不稳定的国家或地区开展业务；

(2)在高度波动的市场开展业务；

(3)在严厉、复杂的监管环境中开展业务；

(4)持续经营和资产流动性出现问题，包括重要客户流失；

(5)融资能力受到限制；

(6)行业环境发生变化；

(7)供应链发生变化；

(8)开发新产品或提供新服务或进入新的业务领域；

(9)开辟新的经营场所；

(10)发生重大收购、重组或其他非经常性事项；

(11)拟出售分支机构或业务分部；

(12)复杂的联营或合资；

(13)运用表外融资、特殊目的实体以及其他复杂的融资协议；

(14)重大的关联方交易；

(15)缺乏具备胜任能力的会计人员；

(16)关键人员变动；

(17)内部控制薄弱；

(18)信息技术战略与经营战略不协调；

(19)信息技术环境发生变化；

(20)安装新的与财务报告有关的重大信息技术系统；

(21)经营活动或财务报告受到监管机构的调查；

(22)以往存在重大错报或本期期末出现重大会计调整；

(23)发生重大的非常规交易；

(24)按照管理层特定意图记录的交易；

(25)应用新颁布的会计准则或相关会计制度；

(26)会计计量过程复杂；

(27)事项或交易在计量时存在重大不确定性；

(28)存在未决诉讼和或有负债。

应当确定，识别的重大错报风险是与特定的某类交易、账户余额、列报的认定相关，还是与财务报表整体广泛相关，进而影响多项认定。

财务报表层次的重大错报风险很可能源于薄弱的控制环境。薄弱的控制环境带来的风险可能对财务报表产生广泛影响，难以限于某类交易、账户余额、列报，审计人员应当采取总体应对措施。

在评估重大错报风险时，审计人员应当将所了解的控制与特定认定相联系。控制与认定直接或间接相关。关系越间接，控制对防止或发现并纠正认定错报的效果越小。

审计人员可能识别出有助于防止或发现并纠正特定认定发生重大错报的控制。在确定这些控制是否能够实现上述目标时，审计人员应当将控制活动和其他要素综合考虑。

作为风险评估的一部分，审计人员应当运用职业判断，确定识别的风险哪些是需要特别考虑的重大错报风险(以下简称特别风险)。

在确定哪些风险是特别风险时，审计人员应当在考虑识别出的控制对相关风险的抵消效果前，根据风险的性质、潜在错报的重要程度和发生的可能性，判断风险是否属于特别风险。

在确定风险的性质时，审计人员应当考虑下列事项：①风险是否属于舞弊风险；②风险是否与近期经济环境、会计处理方法和其他方面的重大变化有关；③交易的复杂程度；④风险是否涉及重大的关联方交易；⑤财务信息计量的主观程度，特别是对不确定事项的计量存在较大区间；⑥风险是否涉及异常或超出正常经营过程的重大交易。

特别风险通常与重大的非常规交易和判断事项有关。非常规交易是指由于金额或性质异常而不经常发生的交易。判断事项通常包括作出的会计估计。

由于非常规交易具有下列特征，与重大非常规交易相关的特别风险可能导致更高的重大错报风险：①管理层更多地介入会计处理；②数据收集和处理涉及更多的人工成分；③复杂的计算或会计处理方法；④非常规交易的性质可能使被审计单位难以对由此产生的特别风险实施有效控制。

由于下列原因，与重大判断事项相关的特别风险可能导致更高的重大错报风险：对涉及会计估计、收入确认等方面的会计原则存在不同的理解；所要求的判断可能是主观和复杂的，或需要对未来事项作出假设。

对特别风险，审计人员应当评价相关控制的设计情况，并确定其是否已经得到执行。与重大非常规交易或判断事项相关的风险很少受到日常控制的约束，审计人员应当了解被审计单位是否针对该特别风险设计和实施了控制。如果管理层未能实施控制以恰当应对特别风险，审计人员应当认为内部控制存在重大缺陷，并考虑其对风险评估的影响。作为风险评估的一部分，如果认为仅通过实质性程序获取的审计证据无法将认定层次的重大错报风险降至可接受的低水平，审计人员应当评价被审计单位针对这些风险设计的控制，并确定其执行情况。

在被审计单位对日常交易采用高度自动化处理的情况下，审计证据可能仅以电子形式存在，其充分性和适当性通常取决于自动化信息系统相关控制的有效性，审计人员应当考虑仅通过实施实质性程序不能获取充分、适当审计证据的可能性。如果认为仅通过实施实质性程序不能获取充分、适当的审计证据，审计人员应当考虑依赖的相关控制的有效性。

三、识别和评估重大错报风险的工作底稿

表 1－4

风险评估结果汇总表

被审计单位：	索引号：BD
项目：风险评估结果汇总表	财务报表截止日/期间：
编制：	复核：
日期：	日期：

a. 识别的重大错报风险汇总：

识别的重大错报风险	索引号	属于财务报表层次还是认定层次	是否属于特别风险	是否属于仅通过实质性程序无法应对的重大错报风险	受影响的交易类别、账户余额和列报认定

b. 财务报表层次风险应对方案：

财务报表层次重大错报风险	索引号	总体应对措施

c. 特别风险应对措施及结果汇总：

项目	经营目标	经营风险	特别风险	管理层应对或控制措施	财务报表项目及认定	审计措施	向被审计单位报告的事项
举例	被审计单位通过发展中小城市的新客户和放宽授信额度争取销售收入比上一年度增长25%	不严格执行对新客户的信用记录调查和筛选、放宽授信额度会增加坏账风险	应收账款坏账准备的计提可能不足	（1）财务部每月编制账龄分析报告； （2）对超过一年未收回的账款由销售人员与客户签订还款协议，其条款须经区域销售经理和部门销售经理批准； （3）销售部每月编制逾期应收账款还款协议签订及执行情况报告，经销售总监审阅并决定是否降低授信额度或暂停供货； （4）财务经理根据该报告并结合账龄分析报告，对有可能难以收回的应收账款计提坏账准备。	应收账款（相关认定：计价和分摊）	（1）与销售经理讨论所执行的坏账风险评估程序； （2）与财务经理讨论坏账准备的计提； （3）审阅账龄分析报告和还款协议签订及执行报告； （4）抽查还款协议和货款收回情况。	无或详见与管理层或治理层沟通函

填写说明：

1. “经营目标”一栏填写对当期审计有影响的经营目标；
2. “经营风险”一栏填写那些对当期审计有影响的经营风险，或审计人员认为对未来审计产生影响并有必要向被审计单位报告的经营风险；
3. “特别风险”一栏填写源自经营风险的特别风险，或在审计过程中发现的并非由经营目标和经营风险导致的特别风险；
4. “管理层应对或控制措施”一栏填写管理层认为有助于降低特别风险的控制及其评价，如果评价结果显示审计人员不能依赖这些内部控制，应作相应调整；
5. “财务报表项目及认定”一栏填写受特别风险影响的财务报表项目和认定；
6. “审计措施”一栏填写应对特别风险的审计措施，即综合性方案或实质性方案，根据控制测试和实质性程序的结果对本栏内容予以更新。

d. 对重要账户和交易采取的进一步审计程序方案(计划矩阵):

业务循环涉及的重要账户或列报	识别的重大错报风险									相关控制预期是否有效	拟实施的总体方案				
	重大错报风险水平	是否为特别风险	相关认定*								总体方案	控制测试	控制测试索引号	实质性程序	实质性程序索引号
			存在/发生	完整性	权利和义务	计价和分摊/准确性	截止	分类	列报						

注:*表示根据账户余额、各类交易和列报选择适用的认定。

实训四　总体审计策略与具体审计计划

一、总体审计策略的内容

总体审计策略的制定应当包括：

（1）确定审计业务的特征，包括采用的会计准则和相关会计制度、特定行业的报告要求以及被审计单位组成部分的分布等，以界定审计范围；

（2）明确审计业务的报告目标，以计划审计的时间安排和所需沟通的性质，包括提交审计报告的时间要求，预期与管理层和治理层沟通的重要日期等；

（3）考虑影响审计业务的重要因素，以确定项目组工作方向，包括确定适当的重要性水平，初步识别可能存在较高的重大错报风险的领域，初步识别重要的组成部分和账户余额，评价是否需要针对内部控制的有效性获取审计证据，识别被审计单位、所处行业、财务报告要求及其他相关方面最近发生的重大变化等。

在制定总体审计策略时，审计人员还应考虑初步业务活动的结果，以及为被审计单位提供其他服务时所获得的经验。总体审计策略的详略程度应当随被审计单位的规模及该项审计业务复杂程度的不同而变化。在小型被审计单位审计中，全部审计工作可能由一个很小的审计项目组执行，项目组成员间容易沟通和协调，总体审计策略可以相对简单。

审计人员应当在总体审计策略中清楚地说明下列内容：

（1）向具体审计领域调配的资源，包括向高风险领域分派有适当经验的项目组成员，就复杂的问题利用专家工作等；

（2）向具体审计领域分配资源的数量，包括安排到重要存货存放地观察存货盘点的项目组成员的数量，对其他审计人员工作的复核范围，对高风险领域安排的审计时间预算等；

（3）何时调配这些资源，包括是在期中审计阶段还是在关键的截止日期调配资源等；

（4）如何管理、指导、监督这些资源的利用，包括预期何时召开项目组预备会和总结会，预期项目负责人和经理如何进行复核，是否需要实施项目质量控制复核等。

应当根据实施风险评估程序的结果对上述内容予以调整。

总体审计策略一经制定，审计人员应当针对总体审计策略中所识别的不同事项制定具体审计计划，并考虑通过有效利用审计资源以实现审计目标。

二、具体审计计划的内容

具体审计计划比总体审计策略更加详细，其内容包括为获取充分、适当的审计证据以将审计风险降至可接受的低水平，项目组成员拟实施的审计程序的性质、时间和范围。

为了足够识别和评估财务报表重大错报风险，具体审计计划应当包括下列内容：

（1）审计人员计划实施的风险评估程序的性质、时间和范围；

（2）针对评估的认定层次的重大错报风险，审计人员计划实施的进一步审计程序的性质、时间和范围；

（3）针对审计业务需要实施的其他审计程序。

计划审计工作并非审计业务的一个孤立阶段，而是一个持续的、不断修正的过程，贯穿于整个审计业务的始终。

由于未预期事项、条件的变化或在实施审计程序中获取的审计证据等原因，审计人员应当在审计过程中对总体审计策略和具体审计计划作出必要的更新和修改。

应当记录总体审计策略和具体审计计划，包括在审计工作过程中作出的任何重大更改。对总体审计策略的记录，应当包括为恰当计划审计工作和向项目组传达重大事项而作出的关键决策。对具体审计计划的记录，应当能够反映计划实施的风险评估程序的性质、时间和范围，以及针对评估的重大错报风险计划实施的进一步审计程序的性质、时间和范围。

可以使用标准的审计程序表或审计工作完成核对表，但应当根据具体审计业务的情况作出适当修改。

三、总体审计策略与具体审计计划的工作底稿

表 1－5

总体审计策略

被审计单位：	索引号：BE
项目：总体审计策略	财务报表截止日/期间：
编制：	复核：
日期：	日期：

a. 审计范围

报告要求	
适用的会计准则和相关会计制度	
适用的审计准则	
与财务报告相关的行业特别规定	例如：监管机构发布的有关信息披露法规、特定行业主管部门发布的与财务报告相关的法规等
需审计的集团内组成部分的数量及所在地点	
需要阅读的含有已审计财务报表的文件中的其他信息	例如：上市公司年报
制定审计策略需考虑的其他事项	例如：单独出具报告的子公司范围等

b. 审计业务时间安排

（a）对外报告时间安排：

（b）执行审计时间安排：

项　　目	时　　间
1. 期中审计	
（1）制定总体审计策略	
（2）制定具体审计计划	
……	

项　目	时　间
2. 期末审计	
(1)存货监盘	
……	

（c）沟通的时间安排：

所　需　沟　通	时　间
与管理层及治理层的会议	
项目组会议(包括预备会和总结会)	
与专家或有关人士的沟通	
与其他审计人员沟通	
与前任审计人员沟通	
……	

c. 影响审计业务的重要因素

（a）重要性：

确定的重要性水平	索引号

（b）可能存在较高重大错报风险的领域：

可能存在较高重大错报风险的领域	索引号

（c）重要的组成部分和账户余额：

重要的组成部分和账户余额	索引号
1. 重要的组成部分	
……	
2. 重要的账户余额	
……	

填写说明：

1. 记录所审计的集团内重要的组成部分；
2. 记录重要的账户余额，包括本身具有重要性的账户余额(如存货)，以及评估出存在重大错报风险的账户余额。

d. 人员安排

(a)项目组主要成员的责任：

职　位	姓　名	主要职责

注：在分配职责时可以根据被审计单位的不同情况按会计科目划分，或按交易类别划分。

(b)与项目质量控制复核人员的沟通(如适用)和复核的范围：

沟通内容	负责沟通的项目组成员	计划沟通时间
风险评估、对审计计划的讨论		
对财务报表的复核		
……		

e. 对专家或有关人士工作的利用(如适用)：

注：如果项目组计划利用专家或有关人士的工作，需要记录其工作的范围和涉及的主要会计科目等。另外，项目组还应按照相关审计准则的要求对专家或有关人士的能力、客观性及其工作等进行考虑及评估。

(a)对内部审计工作的利用：

主要报表项目	拟利用的内部审计工作	索引号
存货	内部审计部门对各仓库的存货每半年至少盘点一次。在中期审计时，项目组已经对内部审计部门盘点步骤进行观察，其结果满意，因此项目组将审阅其年底的盘点结果，并缩小存货监盘的范围。	
……		

(b)对其他审计人员工作的利用：

其他审计人员名称	利用其工作范围及程度	索引号

(c)对专家工作的利用：

主要报表项目	专家名称	主要职责及工作范围	利用专家工作的原因	索引号

(d)对被审计单位使用服务机构的考虑：

主要报表项目	服务机构名称	服务机构提供的相关服务及其审计人员出具的审计报告意见及日期	索引号

实训单元二　控制测试

当存在下列情形之一时，审计人员应当实施控制测试：

(1)在评估认定层次重大错报风险时，预期控制的运行是有效的。如果在评估认定层次重大错报风险时预期控制的运行是有效的，审计人员应当实施控制测试，就控制在相关期间或时点的运行有效性获取充分、适当的审计证据。只有认为控制设计合理、能够防止或发现并纠正认定层次的重大错报，审计人员才有必要对控制运行的有效性实施测试。

(2)仅实施实质性程序不足以提供认定层次充分、适当的审计证据，审计人员应当实施相关的控制测试，以获取控制运行有效性的审计证据。

测试控制运行的有效性与确定控制是否得到执行所需获取的审计证据是不同的。在实施风险评估程序以获取控制是否得到执行的审计证据时，审计人员应当确定某项控制是否存在，被审计单位是否正在使用。在测试控制运行的有效性时，审计人员应当从下列方面获取关于控制是否有效运行的审计证据：

(1)控制在所审计期间的不同时点是如何运行的；

(2)控制是否得到一贯执行；

(3)控制由谁执行；

(4)控制以何种方式运行。

如果被审计单位在所审计期间内的不同时期使用了不同的控制，审计人员应当考虑不同时期控制运行的有效性。

为评价控制设计和确定控制是否得到执行而实施的某些风险评估程序并非专为控制测试而设计，但可能提供有关控制运行有效性的审计证据，审计人员应当考虑这些审计证据是否足以实现控制测试的目的。

审计人员可以考虑在评价控制设计和获取其得到执行的审计证据的同时测试控制运行有效性，以提高审计效率。控制测试与了解内部控制的目的不同，但两者采用审计程序的类型通常相同，包括询问、观察、检查和穿行测试。此外，控制测试的程序还包括重新执行。

对于一项自动化的应用控制，由于信息技术处理过程的内在一贯性，审计人员可以利用该项控制得以执行的审计证据和信息技术一般控制(特别是对系统变动的控制)运行有效性的审计证据，作为支持该项控制在相关期间运行有效性的重要审计证据。

控制测试的目的是评价控制是否有效运行；细节测试的目的是发现认定层次的重大错报。尽管两者目的不同，但审计人员可以考虑针对同一交易同时实施控制测试和细节测试，以实现双重目的。如果拟实施双重目的测试，审计人员应当仔细设计和评价测试程序。

如果实施实质性程序发现被审计单位没有识别出的重大错报，通常表明内部控制存在重大缺陷，审计人员应当就这些缺陷与管理层和治理层进行沟通。

审计人员应当根据控制测试的目的确定控制测试的时间，并确定拟信赖的相关控制的时点或期间。如果测试特定时点的控制，审计人员仅得到该时点控制运行有效性的审计证据；如果测试某一期间的控制，仅获取与时点相关的审计证据是不充分的，审计人员应当辅以其他控制测试，包括测试被审计单位对控制的监督，以获取控制在该期间有效运行的审计证据。

如果拟信赖的控制自上次测试后未发生变化，且不属于旨在减轻特别风险的控制，审计人员应当运用职业判断确定是否在本期审计中测试其运行有效性，以及本次测试与上次测试的时间间隔，但两次测试的时间间隔不得超过两年。

在确定利用以前审计获取的有关控制运行有效性的审计证据是否适当以及再次测试控制的时间间隔时，审计人员应当考虑：

（1）内部控制其他要素的有效性，包括控制环境、对控制的监督以及被审计单位的风险评估过程；

（2）控制特征（人工控制还是自动化控制）产生的风险；

（3）信息技术一般控制的有效性；

（4）控制设计及其运行的有效性，包括在以前审计中测试控制运行有效性时发现的控制运行偏差的性质和程度；

（5）由于环境发生变化而使特定控制缺乏相应变化导致的风险；

（6）重大错报的风险和对控制的拟信赖程度。

当出现下列情况时，审计人员应当缩短再次测试控制的时间间隔或完全不信赖以前审计获取的审计证据：控制环境薄弱；对控制的监督薄弱；相关控制中人工控制的成分较大；信息技术一般控制薄弱；对控制运行产生重大影响的人事变动；环境的变化表明需要对控制作出相应的变动；重大错报风险较大或对控制的拟信赖程度较高。

如果拟信赖以前审计获取的某些控制运行有效性的审计证据，审计人员应当在每次审计时从中选取足够数量的控制，测试其运行有效性；不应将所有拟信赖控制的测试集中于某一次审计，而在之后的两次审计中不进行任何测试。

如果确定评估的认定层次重大错报风险是特别风险，并拟信赖旨在减轻特别风险的控制，审计人员不应依赖以前审计获取的审计证据，而应在本期审计中测试这些控制的运行有效性。

审计人员应当设计控制测试，以获取控制在整个拟信赖的期间有效运行的充分、适当的审计证据。在确定某项控制的测试范围时，审计人员通常考虑下列因素：

（1）在整个拟信赖期间，被审计单位执行控制的频率；

（2）在所审计期间，审计人员拟信赖控制运行有效性的时间长度；

（3）为证实控制能够防止或发现并纠正认定层次重大错报，所需获取审计证据的相关性和可靠性；

（4）通过测试与认定相关的其他控制获取的审计证据的范围；

（5）在风险评估时拟信赖控制运行有效性的程度；

（6）控制的预期偏差。

审计人员在风险评估时对控制运行有效性的拟信赖程度越高，需要实施控制测试的范围越大。控制的预期偏差率越高，需要实施控制测试的范围越大。如果控制的预期偏差率过高，审计人员应当考虑控制可能不足以将认定层次的重大错报风险降至可接受的低水平，从而针对某一认定实施的控制测试可能是无效的。

信息技术处理具有内在一贯性，除非系统发生变动，审计人员通常不需要增加自动化控制的测试范围。

实训一　采购与付款循环工作控制测试

一、主要审计程序

1. 针对了解的被审计单位采购与付款循环的控制活动，确定拟进行测试的控制活动。
2. 测试控制运行的有效性，记录测试过程和结论。
3. 根据测试结论，确定对实质性程序的性质、时间和范围的影响。

在执行财务报表审计业务时，审计人员应运用职业判断，结合被审计单位的实际情况设计和执行控制测试。控制测试程序包括询问、观察、检查以及重新执行。需要强调的是，询问本身并不足以测试控制运行的有效性，审计人员应当将询问与其他审计程序结合使用，以获取有关控制运行有效性的审计证据。本审计工作底稿记录审计人员对控制测试的执行情况，包括拟执行的控制测试具体程序、有关控制的执行频率、拟测试的样本数量以及执行相关程序的工作底稿的索引。

二、主要审计工作底稿

表 2－1

与采购材料有关的业务活动的控制

主要业务活动	测　试　内　容	测试项目 1	测试项目 2	测试项目 3	测试项目 4	测试项目 5	……
采购	请购单编号（日期）						
	请购内容						
	请购单是否得到适当的审批（是/否）						
	采购订单编号（日期）						
记录应付账款	供应商发票编号（日期）						
	验收单编号						
	供应商发票所载内容与采购订单、验收单的内容是否相符（是/否）						
	发票上是否加盖“相符”章（是/否）						
	转账凭证编号（日期）						
	是否记入应付账款贷方（是/否）						

续表 2－1

主要业务活动	测　试　内　容	测试项目 1	测试项目 2	测试项目 3	测试项目 4	测试项目 5	……
付款	付款凭证编号(日期)						
	付款凭证是否得到会计主管的适当审批(是/否)						
	有关支持性文件上是否加盖“核销”章(是/否)						
	支票编号/信用证编号(日期)						
	收款人名称						
	支票/信用证是否已支付给恰当的供应商(是/否)						

表 2－2

与费用有关的业务活动的控制

主要业务活动	测　试　内　容	测试项目 1	测试项目 2	测试项目 3	测试项目 4	测试项目 5	……
请购	费用申请单编号(日期)						
	申请内容						
	费用申请单是否得到适当审批(是/否)						
	供应商名称						
记录应付账款	发票编号(日期)						
	发票是否得到适当审批(是/否)						
	费用申请单、发票与其他支持性文件所载内容是否相符(是/否)						
	发票上是否加盖“相符”章(是/否)						
	转账凭证编号(日期)						
	是否记入应付账款贷方(是/否)						

续表 2－2

主要业务活动	测 试 内 容	测试项目1	测试项目2	测试项目3	测试项目4	测试项目5	……
付款	付款凭证编号（日期）						
	付款凭证是否得到会计主管的适当审批（是/否）						
	有关支持性文件上是否加盖“核销”章（是/否）						
	支票编号/信用证编号（日期）						
	收款人名称						
	支票/信用证是否已支付给恰当的供应商（是/否）						

表 2－3

与采购信息报告及相关文件（请购单）有关的业务活动的控制

序号	选择的采购信息报告期间	应付账款记账员是否已复核采购信息报告（是/否）	采购订单是否连续编号（是/否）	如有不符，是否已进行调查（是/否）	对不符事项是否已进行处理（是/否）
1					
2					
…					

表 2－4

与应付账款调节表有关的业务活动的控制

序号	供应商名称	应付账款调节表号码（日期）	是否与支持文件相符（是/否）	是否经过适当审批（是/否）	是否已调节应付账款（是/否）
1					
2					
…					

表 2－5

与供应商档案更改记录有关的业务活动的控制

序号	更改申请表号码	更改申请表是否经过适当审批（是/否）	是否包含在月度供应商信息更改报告中（是/否）	月度供应商信息更改报告是否经适当复核（是/否）	更改申请表号码是否包含在编号记录表中（是/否）	编号记录表是否经适当复核（是/否）
1						
2						
…						

表 2－6

与供应商档案及时维护有关的业务活动的控制

序号	供应商名称	档案编号	最近一次与公司发生交易的时间	是否已按照规定对供应商档案进行维护（是/否）
1				
2				
…				

实训二　工薪与人事循环工作控制测试

一、主要审计程序

1. 针对所了解的被审计单位工薪与人事循环的控制活动，确定拟进行测试的控制活动。

2. 测试控制运行的有效性，记录测试过程和结论。对控制的评价结论可能是：(1)控制设计合理，并得到执行；(2)控制设计合理，未得到执行；(3)控制设计无效或缺乏必要的控制。

3. 根据测试结论，确定对实质性程序的性质、时间和范围的影响。

二、主要审计工作底稿

表 2－7

与员工聘用和离职有关的业务活动的控制

主要业务活动	测试内容	测试项目1	测试项目2	测试项目3	测试项目4	测试项目5	……
聘用	员工姓名						
	拟用人员审批表是否得到适当审批（是/否）						
	劳动合同编号						
	系统内是否已建立该员工档案（是/否）						
	新入职人员通知单编号						
	新入职人员通知单是否得到适当复核（是/否）						
	员工工资明细表中是否有该员工姓名（是/否）						
离职	员工姓名						
	解除、终止劳动合同审批表是否得到适当审批（是/否）						
	系统内是否已删除该员工档案（是/否）						
	离职人员通知单编号						
	离职人员通知单是否得到适当复核（是/否）						
	员工工资明细表中是否有该员工姓名（是/否）						

表 2－8

与生产工人工作时间记录有关的业务活动的控制

序号	生产工人考勤卡序号	测试日期	工时记录单日期	生产工人考勤卡是否记录在工时记录单中（是/否）	工时记录单是否经过生产经理复核批准（是/否）	工时记录单是否包含在工时统计表中（是/否）
1						
2						
…						

表 2－9

与管理人员工作时间记录有关的业务活动的控制

主要业务活动	测 试 内 容	测试项目 1	测试项目 2	测试项目 3	测试项目 4	测试项目 5	……
管理人员工作时间记录	管理人员姓名						
	测试期间						
	工作时间表编号						
	工作时间表是否经由所在部门主管/经理审批签字（是/否）						
	加班申请表编号						
	加班申请表日期						
	加班申请表是否经过部门经理/主管审核批准（是/否）						
	工作时间和加班时间是否记录在出勤统计表中（是/否）						

表 2－10

与工作时间记录核对有关的业务活动的控制

主要业务活动	测 试 内 容	测试项目 1	测试项目 2	测试项目 3	测试项目 4	测试项目 5	……
工作时间记录核对	测试期间						
	员工工资明细表中记录的员工人数						
	系统员工档案名册人数						
	员工姓名是否核对一致（是/否）						
	工时统计表记录的工时总数						
	工时记录单记录的工时总数						
	工时记录单与工时统计表是否一致（是/否）						

续表 2－10

主要业务活动	测 试 内 容	测试项目1	测试项目2	测试项目3	测试项目4	测试项目5	……
工作时间记录核对	出勤统计表记录的工时总数						
	工作时间表和加班申请表记录的工时总数						
	出勤统计表与工作时间表、加班申请表记录是否一致（是/否）						
	员工姓名						
	该员工在工时统计表/出勤统计表记录的工时总数						
	该员工在工时记录单/工作时间表记录的工时总数						
	薪资主管是否将有关工作时间记录表单与系统核对（是/否）						

表 2－11

与工资记录有关的业务活动的控制

主要业务活动	测 试 内 容	测试项目1	测试项目2	……
工资记录	测试期间			
	员工工资汇总表总额			
	其中：生产成本人员工资			
	辅助生产人员工资			
	销售人员工资			
	管理人员工资			
	记账凭证编号			
	其中：生产成本			
	制造费用			
	销售费用			
	管理费用			
	记账凭证是否经适当审批（是/否）			

表 2－12

与编制员工变动及工资费用分析报告有关的业务活动的控制

测试期间	是否编制员工变动及工资费用分析报告(是/否)	人事经理是否复核该报告(是/否)	财务经理是否复核该报告(是/否)	是否交更高层次管理层审阅(是/否)

表 2－13

与工资支付有关的业务活动的控制

主要业务活动	测 试 内 容	测试项目 1	测试项目 2	测试项目 3	测试项目 4	测试项目 5	……
工资计算	测试期间						
	财务经理是否复核员工工资明细表、员工工资汇总表以及工资支付申请表(是/否)						
	总经理是否复核员工工资明细表、员工工资汇总表以及工资支付申请表(是/否)						
	付款凭证编号						
	付款凭证是否得到会计主管的适当审批(是/否)						
	有关支持性文件上是否盖有“核销”印戳(是/否)						
	支票编号(日期)						
核算	处理工资费用分配的转账凭证编号						
	转账凭证是否得到会计主管的适当审批(是/否)						

表 2－14

与常备数据维护有关的业务活动的控制

主要业务活动	测　试　内　容	测试项目1	测试项目2	测试项目3	测试项目4	测试项目5	……
数据维护	是否定期取得各项与社保基金有关的规定和信息（是/否）						
	董事会是否批准基准费率的调整(是/否)						
	董事会批准日期						
	工资信息输入/更改申请单编号(日期)						
	人事经理是否复核批准工资信息输入/更改申请单(是/否)						
	人事经理复核日期						
	系统变更是否在人事经理核对后以电子签名批准生效(是/否)						
	人事经理在系统内电子签名日期						
	系统变更生效日期						

注：对与工薪数据维护权限设置相关的控制活动的控制测试，我们利用计算机专家的工作。相关工作底稿见信息系统审计部分(信息系统审计工作底稿略)。

实训三　生产与仓储循环控制测试

一、主要审计程序

1．针对所了解的被审计单位生产与仓储循环的控制活动，确定拟进行测试的控制活动。

2．测试控制运行的有效性，记录测试过程和结论。对控制的评价结论可能是：(1)控制设计合理，并得到执行；(2)控制设计合理，未得到执行；(3)控制设计无效或缺乏必要的控制。

3．根据测试结论，确定对实质性程序的性质、时间和范围的影响。

二、主要审计工作底稿

表2-15

与材料验收和仓储有关的业务活动的控制

主要业务活动	测试内容	测试项目1	测试项目2	测试项目3	测试项目4	测试项目5	……
材料验收	验收单编号(日期)						
	验收内容						
	相对应的采购订单编号(日期)						
	验收单与采购订单是否一致(是/否)						
	单价在人民币××元以上的材料，是否经质检经理签字(是/否，如适用)						
仓储	采购材料信息是否已正确输入系统(是/否)						
	仓储经理是否复核输入信息(是/否)						
	系统是否已更新(是/否)						

表2-16

与计划和安排生产有关的业务活动的控制

主要业务活动	测试内容	测试项目1	测试项目2	测试项目3	测试项目4	测试项目5	……
计划和安排生产	测试期间						
	是否编制月度生产计划书(是/否)						
	月度生产计划书是否得到适当审批(是/否)						
	生产通知单编号(日期)						
	生产通知单所载内容是否包含在月度生产计划书内(是/否)						
	日生产加工指令单编号(日期)						
	完工日期						

表 2－17

与存货实物流转有关的业务活动的控制

主要业务活动	测试内容	测试项目1	测试项目2	测试项目3	测试项目4	测试项目5	……
原材料领用	生产通知单编号（日期）						
	日生产加工指令单编号（日期）						
	原材料领用申请单编号（日期）						
	原材料领用申请单项目是否与生产加工指令单相符（是/否）						
	原材料领用申请单信息是否得到审批（是/否）						
	原材料出库单编号（日期）						
	原材料出库单是否得到复核确认（是/否）						
	原材料耗用是否与生产记录日报表内容相符（是/否）						
	转账凭证编号（日期）						
	转账凭证是否得到适当复核（是/否）						
	是否正确记入相关明细账（是/否）						
半成品入库	半成品验收单编号（日期）						
	半成品入库单编号（日期）						
	半成品入库单是否与验收单内容相符（是/否）						
	半成品入库单是否得到复核确认（是/否）						
半成品出库	半成品转移单编号（日期）						
	半成品转移单是否得到审批（是/否）						
	半成品出库单编号（日期）						
	半成品出库单是否得到复核确认（是/否）						
	半成品耗用是否与生产记录日报表内容相符（是/否）						

续表 2-17

主要业务活动	测试内容	测试项目1	测试项目2	测试项目3	测试项目4	测试项目5	……
产成品入库	产成品验收单编号（日期）						
	产成品入库单编号（日期）						
	产成品入库单是否得到复核确认（是/否）						
产成品出库	出运通知单编号（日期）						
	产成品出库单编号（日期）						
	产成品出库单、销售订单、出运通知单、送货单内容相符（是/否）						
	送货单编号（日期）						
	送货单是否经适当签字（是/否）						

表 2-18

与生产成本归集和分配有关的业务活动的控制

主要业务活动	测试内容	测试项目1	测试项目2	测试项目3	测试项目4	测试项目5	……
生产成本归集	测试期间						
	生产成本计算表中材料成本是否与当月出库量一致（是/否）						
	生产成本结转凭证编号						
	转账凭证是否经适当审核（是/否）						
	是否正确计入相关明细账						
销售成本结转	测试期间						
	销售成本结转凭证编号						
	销售数量是否与系统内数据一致						
	转账凭证是否经适当审核（是/否）						

注：1. 对与生产成本在完工产品和在产品之间的分配以及完工产品成本在不同产品类别之间的分配相关的控制活动的控制测试，我们利用计算机专家的工作。相关工作底稿见信息系统审计部分（信息系统审计工作底稿略）。

2. 对人工费用的归集，分别见相关业务循环底稿。

实训四　销售与收款循环控制测试

一、主要审计程序

1. 针对所了解的被审计单位销售与收款循环的控制活动，确定拟进行测试的控制活动。
2. 测试控制运行的有效性，记录测试过程和结论。对控制的评价结论可能是：
(1)控制设计合理，并得到执行；
(2)控制设计合理，未得到执行；
(3)控制设计无效或缺乏必要的控制。
3. 根据测试结论，确定对实质性程序的性质、时间和范围的影响。

二、主要审计工作底稿

表 2－19

与销售有关的业务活动的控制

主要业务活动	测　试　内　容	测试项目 1	测试项目 2	测试项目 3	测试项目 4	测试项目 5	……
销售	销售订单编号(日期)						
	销售订单内容						
	是否复核顾客信用额度(是/否)						
	销售订单是否得到适当的审批(是/否)						
	销售发票是否经过复核						
	销售发票编号(日期)						
	出运通知单编号(日期)						
	销售订单、销售发票、出运通知单、送货单内容是否一致(是/否)						
	报关单编号(日期)						
	是否取得货运提单(是/否)						

续表 2－19

主要业务活动	测试内容	测试项目1	测试项目2	测试项目3	测试项目4	测试项目5	……
记录应收账款	记录应收账款的凭证编号(日期)						
	发票上是否盖“相符”印戳(是/否)						
	是否输入应收账款借方(是/否)						
收款	收款凭证编号(日期)						
	收款凭证是否得到会计主管的适当审批(是/否)						
	有关支持性文件上是否盖“核销”章(是/否)						
	付款人名称是否与顾客一致(是/否)						
	银行进账单编号/信用证编号(日期)						
	是否正确输入应收账款贷方(是/否))						

表 2－20

与新顾客承接有关的业务活动的控制

序号	是否编制顾客申请表(是/否)	是否编制新顾客基本情况表(是/否)	是否取得新顾客信用等级的评定报告(是/否)	是否经信用管理经理审批(是/否)	信用额度是否经适当审批(是/否)	是否根据经适当审批的文件建立新顾客档案(是/否)
1						
2						
…						

表 2－21

与比较销售信息报告是否符合相关文件(销售订单)有关的业务活动的控制

序号	选择的销售信息报告期间	应收账款记账员是否已复核销售信息报告(是/否)	销售订单是否连续编号(是/否)
1			
2			
…			

表 2-22

与调整应收账款有关的业务活动的控制

序号	顾客名称	是否编制应收账款账龄报告（是/否）	应收账款调节表编号（日期）	是否与支持文件相符（是/否）	是否经过恰当审批（是/否）	是否已调节应收账款（是/否）
1						
2						
…						

表 2-23

与核销坏账或计提特别坏账准备有关的业务活动的控制

序号	顾客名称	坏账申请表编号（日期）	是否与支持文件相符（是/否）	是否经过恰当审批（是/否）	是否已调节应收账款（是/否）
1					
2					
…					

表 2-24

与计提坏账准备有关的业务活动的控制

主要业务活动	测 试 内 容	测试项目 1	测试项目 2	……
计提坏账准备	董事会制订与计提坏账准备有关的会计估计（是/否）			
	年末销售经理编写应收账款可回收性分析（是/否）			
	如较原先估计数发生较大变化，会计主管编写会计估计变更建议（是/否）			
	财务经理复核会计估计变更建议或减值调整建议（是/否）			
	董事会审核会计估计变更建议（是/否）			
	会计估计变更已进行恰当处理和列报（是/否）			
	记账凭证编号			

注：该项控制活动发生的频率通常为一年一次，如果在穿行测试中已进行检查，可不再对该控制活动进行控制有效性执行测试。

表 2－25

与退货及索赔有关的业务活动的控制

序号	顾客名称	顾客投诉处理表编号（日期）	财务部是否注明货款结算情况（是/否）	生产经理是否确定质量责任（是/否）	技术经理是否确定质量责任（是/否）	是否经过恰当审批（是/否）	是否已调节应收账款（是/否）
1							
2							
…							

表 2－26

与顾客档案更改记录有关的业务活动的控制

序号	更改申请表号码	更改申请表是否经过恰当审批（是/否）	是否包含在月度供应商信息更改报告中（是/否）	月度供应商信息更改报告是否经恰当复核（是/否）	更改申请表号码是否包含在编号记录表中（是/否）	编号记录表是否经复核（是/否）
1						
2						
…						

实训五　筹资与投资循环控制测试

一、主要审计程序

1．针对所了解的被审计单位筹资与投资循环的控制活动，确定拟进行测试的控制活动。

2．测试控制运行的有效性，记录测试过程和结论。对控制的评价结论可能是：(1)控制设计合理，并得到执行；(2)控制设计合理，未得到执行；(3)控制设计无效或缺乏必要的控制。

3．根据测试结论，确定对实质性程序的性质、时间和范围的影响。

二、主要审计工作底稿

表 2－27

与日常借款有关的业务活动的控制

主要业务活动	测 试 内 容	测试项目 1	测试项目 2	测试项目 3	测试项目 4	测试项目 5	……
借款	借款申请表编号(日期)						
	借款申请表是否经恰当批准(是/否)						
	借款合同编号(如适用)						
	综合授信协议编号(如适用)						
	综合授信使用申请表编号(日期)						
记录借款	收款凭证编号(日期)						
	借款合同金额、期限等内容是否与借款申请表内容一致(是/否)						
	是否记入短期借款明细账贷方(是/否)						
	是否登记借款备查账(是/否)						
	明细账记录内容是否与借款备查账内容一致(是/否)						
	借款备查账记录内容是否与借款合同一致(是/否)						

表 2－28

与偿还借款有关的业务活动的控制

主要业务活动	测 试 内 容	测试项目 1	测试项目 2	测试项目 3	测试项目 4	测试项目 5	……
偿还	借款合同编号						
	综合授信协议编号(如适用)						
	付款申请表编号(日期)						
	付款申请表是否经恰当批准(是/否)						
	是否与借款合同规定还款日一致(是/否)						

续表 2-28

主要业务活动	测 试 内 容	测试项目 1	测试项目 2	测试项目 3	测试项目 4	测试项目 5	……
记录借款	付款凭证编号(日期)						
	还款金额、期限等内容是否与付款申请表内容一致(是/否)						
	是否记入短期借款明细账借方(是/否)						
	是否登记借款备查账(是/否)						
	明细账记录内容是否与借款备查账内容一致(是/否)						
	借款备查账记录内容是否与借款合同一致(是/否)						

表 2-29

与信贷情况表有关的业务活动的控制

序号	选择的编制期间	是否编制信贷情况表(是/否)	内容是否完整(是/否)	是否经适当层次的复核(是/否)
1				
2				
…				

表 2-30

与借款差异调节表有关的业务活动的控制

序号	选择的编制期间	借款备查账金额	借款明细账金额	编制人是否签名(是/否)	复核人是否签名(是/否)	是否有调节项目(是/否)	是否与支持文件相符(是/否)	是否经过适当审批(是/否)	是否已调节借款(是/否)
1									
2									
…									

表 2-31

与财务费用有关的业务活动的控制

序号	选择的期间	借款利息回单编号	如适用，是否估算借款利息(是/否)	如适用，是否与银行存款余额调节表核对一致(是/否)	记账凭证编号	是否经适当审批(是/否)
1						
2						
…						

表 2-32

与日常交易性金融资产有关的业务活动的控制

主要业务活动	测试内容	测试项目1	测试项目2	测试项目3	测试项目4	测试项目5	……
购入/出售	股票名称						
	交易流水单号码						
	是否登记投资备查账(是/否)						
确认、记录投资	转款凭证编号(日期)						
	股票名称						
	是否正确记入投资明细账(是/否)						
	是否正确确认投资收益(是/否)						

表 2-33

与交易性金融资产差异核对有关的业务活动的控制

序号	选择的期间	是否编制核对表(是/否)	投资项目是否一致(是/否)	投资金额是否一致(是/否)	编制人是否签名(是/否)	复核人是否签名(是/否)	是否有调节项目(是/否)	是否与支持文件相符(是/否)	是否经适当审批(是/否)
1									
2									
…									

表 2-34

与月度交易性金融资产报告有关的业务活动的控制

序号	选择的期间	是否编制月度交易性金融资产报告(是/否)	报告是否经过适当复核(是/否)
1			
2			
…			

表 2－35

与交易性金融资产后续计量有关的业务活动的控制

序号	股票代码	公允价值	是否与支持性文件相符(是/否)	账面价值	记账凭证编号	是否经适当复核(是/否)
1						
2						
…						

实训六　固定资产循环控制测试

一、主要审计程序

1. 针对所了解的被审计单位固定资产循环的控制活动，确定拟进行测试的控制活动。
2. 测试控制运行的有效性，并记录测试过程和结论。
3. 根据测试结论，确定对实质性程序的性质、时间和范围的影响。

二、主要审计工作底稿

表 2－36

与固定资产投资预算及审批有关的控制

序号	选择的预算编制期间	资产使用部门是否编制预算并经部门经理批准(是/否)	预算经理×××是否复核固定资产预算(是/否)	是否经过投资可行性论证并形成论证报告(是/否)	投资预算经适当管理层批准(是/否)

注：该项控制活动发生的频率通常为一年一次，如果在穿行测试中已进行检查，可不再对该控制活动进行控制有效性执行测试。

表 2－37

与购置固定资产有关的控制

主要业务活动	测试内容	测试项目 1	测试项目 2	测试项目 3	测试项目 4	测试项目 5	……
采购	请购单编号（日期）						
	请购内容						
	请购单是否得到适当的审批（是/否）						
	请购单后是否附经批准的预算（是/否）						
	采购订单编号（日期）						
	采购合同经适当审批和签署（是/否）						
记录固定资产	供应商名称						
	验收单编号						
	供应商发票所载内容与采购订单和验收单内容是否相符（是/否）						
	发票上是否盖“相符”章（是/否）						
	记账凭证编号（日期）						
	正确记入固定资产借方（是/否）						

表 2－38

与比较采购信息报告是否符合相关文件（请购单）有关的控制

序号	选择的采购信息报告期间	应付账款记账员是否已复核采购信息报告（是/否）	采购订单是否连续编号（是/否）

表 2－39

与固定资产及累计折旧变动有关的控制

序号	选择的期间	固定资产记账员是否编制月度固定资产增、减变动情况报告（是/否）	会计主管是否复核月度固定资产增、减变动情况报告（是/否）
1			
2			
…			

表 2－40

与固定资产折旧的会计估计、减值有关的控制

主要业务活动	测　试　内　容	测试项目 1	测试项目 2	……
固定资产折旧、减值	董事会制订与固定资产折旧和减值有关的政策			
	年末会计主管会同其他部门检查固定资产使用寿命及减值情况（是/否）			
	技术部门编写固定资产价值分析报告（是/否）			
	如较原先估计数发生较大变化，会计主管编写会计估计变更建议（是/否）			
	如发生减值迹象，会计主管进行减值测试并编写调整建议（是/否）			
	财务经理复核会计估计变更建议或减值调整建议（是/否）			
	董事会审核会计估计变更建议或固定资产价值调整建议（是/否）			
	会计估计变更和资产减值损失已进行恰当处理和列报（是/否）			
	记账凭证编号			

注：该项控制活动发生的频率通常为一年一次，如果在穿行测试中已进行检查，可不再对该控制活动进行控制有效性执行测试。

表 2－41

与固定资产盘点有关的控制

主要业务活动	测　试　内　容	测试项目 1	测试项目 2	……
固定资产盘点	测试期间			
	资产使用部门已进行固定资产盘点（是/否）			
	财务部门已进行固定资产复盘（是/否）			
	对盘点差异已进行适当处理（是/否）			
	记账凭证编号			

表 2-42

其他与固定资产日常保管、处置和转移有关的控制活动

主要业务活动	测试内容	测试项目 1	测试项目 2	……
固定资产日常保管、处置与转移	主要固定资产已办理商业保险(是/否)			
	商业保险单编号			
	固定资产报废单编号			
	固定资产报废经适当审批(是/否)			
	固定资产报废已经进行恰当会计处理和列报(是/否)			
	记账凭证编号			
	内部调拨固定资产已编制内部调拨单并经进行恰当会计处理(是/否)			
	记账凭证编号			

实训单元三　监盘、函证与分析性程序

实训一　存货监盘

存货监盘，是指审计人员现场观察被审计单位存货的盘点，并对已盘点的存货进行适当检查。定期盘点存货，合理确定存货的数量和状况是被审计单位管理层的责任。实施存货监盘，获取有关期末存货数量和状况的充分、适当的审计证据是审计人员的责任。

一、存货监盘计划

审计人员应当根据被审计单位存货的特点、盘存制度和存货内部控制的有效性等情况，在评价被审计单位存货盘点计划的基础上，编制存货监盘计划，对存货监盘作出合理安排。

在编制存货监盘计划时，审计人员应当实施下列审计程序：

(1)了解存货的内容、性质、各存货项目的重要程度及存放场所；

(2)了解与存货相关的内部控制；

(3)评估与存货相关的重大错报风险和重要性；

(4)查阅以前年度的存货监盘工作底稿；

(5)考虑实地察看存货的存放场所，特别是金额较大或性质特殊的存货；

(6)考虑是否需要利用专家的工作或其他审计人员的工作；

(7)复核或与管理层讨论其存货盘点计划。

在复核或与管理层讨论其存货盘点计划时，审计人员应当考虑下列主要因素，以评价其能否合理地确定存货的数量和状况：

(1)盘点的时间安排；

(2)存货盘点范围和场所的确定；

(3)盘点人员的分工及胜任能力；

(4)盘点前的会议及任务布置；

(5)存货的整理和排列，对毁损、陈旧、过时、残次及所有权不属于被审计单位的存货的区分；

(6)存货的计量工具和计量方法；

(7)在产品完工程度的确定方法；

(8)存放在外单位的存货的盘点安排；

(9)存货收发截止的控制；

(10)盘点期间存货移动的控制；

(11)盘点表单的设计、使用与控制；

(12)盘点结果的汇总以及盘盈或盘亏的分析、调查与处理。

审计人员应当根据被审计单位的存货盘存制度和相关内部控制的有效性，评价其盘点时间是否合理。如果认为被审计单位的存货盘点计划存在缺陷，审计人员应当提请被审计单位调整。

存货监盘计划应当包括下列主要内容：

(1)存货监盘的目标、范围及时间安排；

(2)存货监盘的要点及关注事项；

(3)参加存货监盘人员的分工；

(4)检查存货的范围。

二、存货监盘程序

在被审计单位盘点存货前，审计人员应当观察盘点现场，确定应纳入盘点范围的存货是否已经适当整理和排列，并附有盘点标识，防止遗漏或重复盘点。

对未纳入盘点范围的存货，审计人员应当查明未纳入的原因。

对所有权不属于被审计单位的存货，审计人员应当取得其规格、数量等有关资料，并确定这些存货是否已分别存放、标明，且未被纳入盘点范围。

应当观察被审计单位盘点人员是否遵守盘点计划并准确地记录存货的数量和状况，对已盘点的存货进行适当检查，将检查结果与被审计单位盘点记录相核对，并形成相应记录。

在检查已盘点的存货时，应当从存货盘点记录中选取项目追查至存货实物，以测试盘点记录的准确性；还应当从存货实物中选取项目追查至存货盘点记录，以测试存货盘点记录的完整性。

如果检查时发现差异，审计人员应当查明原因，及时提请被审计单位更正。如果差异较大，应当扩大检查范围或提请被审计单位重新盘点。

应当特别关注存货的移动情况，防止遗漏或重复盘点。特别关注存货的状况，观察被审计单位是否已经恰当区分所有毁损、陈旧、过时及残次的存货。获取盘点日前后存货收发及移动的凭证，检查库存记录与会计记录期末截止是否正确。

在被审计单位存货盘点结束前，审计人员应当实施下列审计程序：

(1)再次观察盘点现场，以确定所有应纳入盘点范围的存货是否均已盘点；

(2)取得并检查已填用、作废及未使用盘点表单的号码记录，确定其是否连续编号，查明已发放的表单是否均已收回，并与存货盘点的汇总记录进行核对。

审计人员应当复核盘点结果汇总记录，评估其是否正确地反映了实际盘点结果。

如果存货盘点日不是资产负债表日，审计人员应当实施适当的审计程序，确定盘点日与资产负债表日之间存货的变动是否已作出正确的记录。

在永续盘存制下，如果永续盘存记录与存货盘点结果之间出现重大差异，审计人员应当实施追加的审计程序，查明原因，并检查永续盘存记录是否已作出适当的调整。

如果认为被审计单位的盘点方式及其结果无效，审计人员应当提请被审计单位重新盘点。

如果由于被审计单位存货的性质或位置等原因导致无法实施存货监盘，审计人员应当考虑能否实施替代审计程序，获取有关期末存货数量和状况的充分、适当的审计证据。

审计人员实施的替代审计程序主要包括：

(1)检查进货交易凭证或生产记录以及其他相关资料；

(2)检查资产负债表日后发生的销货交易凭证；

(3)向顾客或供应商函证。

如果因不可预见的因素导致无法在预定日期实施存货监盘或接受委托时被审计单位的期末存货盘点已经完成，审计人员应当评估与存货相关的内部控制的有效性，对存货进行适当检查或提请被审计单位另择日期重新盘点；同时测试在该期间发生的存货交易，以获取有关期末存货数量和状况的充分、适当的审计证据。

对被审计单位委托其他单位保管的或已作质押的存货，审计人员应当向保管人或债权人函证。如果此类存货的金额占流动资产或总资产的比例较大，审计人员还应当考虑实施存货监盘或利用其他审计人员的工作。

当首次接受委托未能对上期期末存货实施监盘，且该存货对本期财务报表存在重大影响时，如果已获取有关本期期末存货余额的充分、适当的审计证据，审计人员应当实施下列一项或多项审计程序，以获取有关本期期初存货余额的充分、适当的审计证据：

(1)查阅前任审计人员工作底稿；

(2)复核上期存货盘点记录及文件；

(3)检查上期存货交易记录；

(4)运用毛利百分比法等进行分析。

三、存货监盘结果对审计报告的影响

如果无法实施存货监盘，也无法实施替代审计程序以获取有关期末存货数量和状况的充分、适当的审计证据，审计人员应当考虑出具保留意见或无法表示意见的审计报告。如果通过实施存货监盘发现被审计单位财务报表存在重大错报，且被审计单位拒绝调整，审计人员应当考虑出具保留意见或否定意见的审计报告。如果首次接受委托，按照《中国注册会计师审计准则第1311号——存货监盘》第二十八条的规定实施审计程序后，仍未能获取有关本期期初存货余额的充分、适当的审计证据，审计人员应当考虑出具保留意见或无法表示意见的审计报告。

四、存货监盘的主要审计工作底稿

存货监盘的主要审计工作底稿如表3－1～表3－9所示。

表 3－1

存货入库截止测试

被审计单位：	索引号：ZI4－1
项目：存货入库截止测试	财务报表截止日/期间：
编制：	复核：
日期：	日期：

一、从存货明细账的借方发生额中抽取样本与入库记录核对，以确定存货入库被记录在正确的会计期间

序号	摘要	明细账凭证			入库单（或购货发票）			是否跨期
		编号	日期	金额	编号	日期	金额	
截止日前 截止日期：　　年　月　日 截止日后								

二、从存货入库记录抽取样本与明细账的借方发生额核对，以确定存货入库被记录在正确的会计期间

序号	摘要	明细账凭证			入库单（或购货发票）			是否跨期
		编号	日期	金额	编号	日期	金额	
截止日前 截止日期：　　年　月　日 截止日后								

编制说明：本表适用于材料采购/在途物资、原材料、在产品、库存商品等。

审计说明：

表 3－2

存货出库截止测试

被审计单位：
项目：存货出库截止测试
编制：
日期：

索引号：ZI4－2
财务报表截止日/期间：
复核：
日期：

一、从存货明细账的贷方发生额中抽取样本与出库记录核对，以确定存货出库被记录在正确的会计期间：

序号	摘要	明细账凭证			入库单（或购货发票）			是否跨期
		编号	日期	金额	编号	日期	金额	
截止日前 截止日期：　　年　　月　　日 截止日后								

二、从存货出库记录抽取样本与明细账的贷方发生额核对，以确定存货出库被记录在正确的会计期间：

序号	摘要	明细账凭证			入库单（或购货发票）			是否跨期
		编号	日期	金额	编号	日期	金额	
截止日前 截止日期：　　年　　月　　日 截止日后								

编制说明：本表适用于材料采购/在途物资、原材料、在产品、库存商品等
审计说明：

表 3－3

存货监盘报告

被审计单位：	索引号：ZI5－1
项目：存货监盘报告	财务报表截止日/期间：
编制：	复核：
日期：	日期：

一、盘点日期：　　　年　　　月　　　日

二、盘点仓库名称：

仓库负责人：	
仓库记账员：	仓库保管员：
仓库概况：（描述仓库共　　间，各仓库的特点）	

三、监盘参加人员：

监盘人员（　　　　会计师事务所审计人员）：
监盘人员（　　　　会计师事务所审计人员）：
监盘人员（S 公司财务处）：
监盘人员（S 公司供销处）：
S 公司盘点负责人：
S 公司盘点人员：
上述人员在监盘过程中，除　　　　　　　外，自始至终未离开现场。

四、监盘开始前的工作：

项　　　目	是或否	工作底稿编号
1. 索取《期末存货盘点计划》；		
2. 索取该仓库《存货收发存月报表》；		
3. 索取存货的《盘点清单》；		
4. 索取盘点前该仓库收料、发料的最后一张单证；		

项　　　　　目	是或否	工作底稿编号
5. 存货是否已停止流动；		
6. 废品、毁损物品是否已分开堆放；		
7. 货到单未到的存货是否已暂估入账；		
8. 发票未开，客户已提去的存货是否已单独记录；		
9. 发票已开，客户未提去的存货是否已单独记录（或单独堆放）；		
10. 存货是否已按存货的型号、规格排放整齐；		
11. 外单位寄存的货物是否已分开堆放；		
12. 代外单位保管的货物是否已分开堆放；		
13. 外单位代销的货物是否已分开堆放；		
14. 其他非本公司的货物是否已分开堆放；		
15. 委托外单位加工的存货、存放外单位的存货，是否收到外单位的书面确认书；		
16. 最近一次盘点存货的日期；		
17. 最近一次对计量用具（地秤、称量器和其他计量器）的校对；		
18. 是否有存货的记录位置或存放图。		

五、监盘进行中的工作：

1. 监盘从　　　点开始，共分　　　个监盘小组，每个小组　　　人。
a. ________人点数并报出型号、规格；
b. ________人记录《盘点清单》；
c. ________人……。
2. 核对仓库报表结存数量与仓库存货账结存数量是否相符；仓库存货账结存数量与仓库存货卡数量是否相符；填制《存货表、账、卡核对记录表》。
3. 盘点结束，索取《盘点清单》及《存货盘盈、盘亏汇总表》。

六、复盘：

1. 盘点结束后，选择数额较大、收发频繁的存货项目进行复盘。
2. 复盘人员为：
3. 复盘记录详见《存货监盘结果汇总表》（附后）。
4. 复盘统计：
品种、型号共　　　种，复盘　　　种，占　　　%；
金额共　　　元，复盘达　　　元，占　　　%；
5. 计算复盘正确率：
复盘共　　　种，其中复盘正确的有　　　种，占　　　%；
复盘金额共　　　元，其中复盘正确的有　　　元，占　　　%。

6. 确定存货中属于残次、毁损、滞销积压的存货及其对当年损益的影响。
存货中属于残次、毁损、滞销积压的存货的金额：
其中：原材料：　　　　　　元；
在产品：　　　　　　元；
产成品：　　　　　　元；
库存商品：　　　　　元；
合　计：　　　　　　元。

七、盘点结束后的工作：

1. 再次观察现场并检查盘点表单；
2. 复核盘点结果汇总记录；
3. 关注盘点日与资产负债表日之间存货的变动情况；
4. 关注存货盘点结果与永续盘存记录之间出现重大差异的处理；
5. 关注被审计单位盘点方式及其结果无效时的处理，如果认为被审计单位的盘点方式及其结果无效，审计人员应当提请被审计单位重新盘点；
6. 请参加复盘人员在《存货监盘结果汇总表》上签字；
7. 索取由仓库人员填写的《复盘差异说明》（请用文字说明，并加盖单位公章）。

八、对盘点及复盘的评价：

1. 仓库管理人员对存货（很、一般、不）熟悉；
2. 盘点工作及复盘工作（很、一般、不）认真；
3. 对会计师需要的资料（很、一般、不）配合；
4. 监盘结果总体评价：
监盘人员签名：

表 3－4

存货监盘结果汇总表

被审计单位：	索引号：ZI5－2
项目：存货监盘结果汇总表	财务报表截止日/期间：
编制：	复核：
日期：	日期：

存货类别	存货名称	单位	监盘数量	未经确认盘点报告数量	差异数量	差异原因	索引号	审计确认盘点报告数量
监盘人员签名								

编制说明：本表适用于监盘日（盘点日）为财务报表截止日的情况。

表 3－5

存货明细账与盘点报告(记录)核对表

被审计单位：	索引号：ZI5－3
项目：存货明细账与盘点报告(记录)核对表	财务报表截止日/期间：
编制：	复核：
日期：	日期：

一、从明细账中选取具有代表性的样本将明细账上的存货数量与经确认盘点报告的数量核对

序号	地点	样本描述		期末存货明细账记录			获取的存货清单	索引号	经确认的期末存货盘点表	数量差异	差异分析及处理
		存货类别	存货型号	单价	数量	金额	数量		数量		
					①		②		③	④＝①－② 或②－③	

二、从经确认的盘点报告中抽取有代表性的样本将盘点报告的数量与存货明细账核对

序号	地点	样本描述		索引号	经确认的期末存货盘点表	期末存货明细账记录			被审计单位提供的存货清单的数量	数量差异	差异分析及处理
		存货类别	存货型号		数量	单价	数量	金额			
					①		②		③	④＝①－② 或①－③	

编制说明：本表适用于监盘日(盘点日)为财务报表截止日的情况。

审计说明：

表3-6

存货抽盘核对表

被审计单位：	索引号：ZI5-4
项目：存货抽盘核对表	财务报表截止日/期间：
编制：	复核：
日期：	日期：

一、资产负债表日前抽盘核对表

序号	品名及规格	单位	抽盘日实存数量	加：抽盘日至资产负债表日入库数量	减：抽盘日至资产负债表日发出数量	资产负债表日实存数量	资产负债表日账面数量	差异	原因分析

二、资产负债表日后抽盘核对表

序号	品名及规格	单位	抽盘日实存数量	加：资产负债表日至抽盘日发出数量	减：资产负债表日至抽盘日入库数量	资产负债表日实存数量	资产负债表日账面数量	差异	原因分析

编制说明：本表适用于抽盘日不是财务报表截止日的情况。

审计说明：

表 3－7

存货盘点计划问卷

被审计单位：	索引号：ZI5－5
项目：存货盘点计划问卷	财务报表截止日/期间：
编制：	复核：
日期：	日期：

1. 存货盘点的范围、盘点的场所以及盘点时间是如何确定的？填列以下表格。

地　点	存货类型	占存货总额的大致比例	盘点时间

2. 盘点人员是如何组织分工的？是否具有胜任能力？填列以下表格。

人　员	地　点	职　责	胜任能力	电　话

3. 盘点过程是否有专家参加？是否对专家参与盘点作出了适当的安排？

4. 盘点前是否召开会议并布置任务？

5. 在盘点过程中，存货是怎样整理和排列的？

6. 是否存在代销存货等所有权不属于被审计单位的存货？如有，情况如何？

7. 有哪些毁损、陈旧、过时、残次的存货？它们是如何区分和存放的？

8. 半成品、原材料和产成品如何分开？

9. 对于成堆堆放或分散在仓库中的存货，是否设置了专门的盘点程序或数量转换计算的方法？

10．分散在不同地方的相同存货项目如何汇总(这对于与后续盘点汇总保持一致很重要)？

11．存货盘点采用什么计量工具和计量方法？

12．在产品的完工程度如何确认？原材料、直接人工、制造费用等如何在产成品和在产品之间分配？

13．是否有存放在外单位的存货？如何进行盘点？

14．放在距离较远的地方的存货如何盘点？

15．对存货收发截止是如何进行控制的？

16．对盘点期间存货移动是如何进行控制的？盘点期间是否需要停止生产？

17．盘点表单是如何设计、使用与控制的？使用什么形式的文件来记录盘点？盘点表是否预先编号？

18．是否所有的盘点都被独立检查以确保它们的准确性？若使用永续存货盘存制，如果实际数量与记录存在差异，是否有进行独立再盘点的措施？是否要求监督者对盘点执行的检查作出记录？

19．盘点结果是如何汇总的？

20．如何对盘盈或盘亏进行分析、调查与处理？

21．是否存在其他在盘点中需要注意的事项？

22. 对被审计单位存货盘点计划能否合理地确定存货的数量和状况作出总体评价：

(1)被审计单位存货盘点计划是否适当？

(2)盘点计划是否存在缺陷？如是，应建议被审计单位调整。

注：本调查问卷旨在帮助审计人员了解和评价被审计单位存货盘点计划。如果被审计单位有盘点的书面说明，本调查问卷也可作为有益的补充。需要说明的是，审计人员应当根据被审计单位所处行业的特点、内部控制和会计核算制度等具体情况，对本调查问卷进行修改。

委托代管存货询证函

甲公司：

本公司聘请的××会计师事务所正在对本公司财务报表进行审计。按照中国注册会计师审计准则的要求，应当询证截至20×7年×月×日由贵公司持有，代本公司加工、销售或保管的存货的详细资料。下列数据出自本公司账簿记录，如与贵公司记录相符请在本函下端“询证事项证明无误”处签章证明；如有不符，请在“询证事项不符”处列明不符情况。回函请直接寄至××会计师事务所。

回函地址：　　　　　　　　　　　　　　邮编：

电话：　　　　　　　　传真：　　　　　　　　联系人：

截至20×7年×月×日由贵公司持有，代本公司加工、销售或保管的存货列示如下：

类别	品名	数量	是否有留置权	状况	备注
1. 代加工存货					
2. 代销售存货					
3. 代保管存货					

本函仅为复核账目之用，请及时函复为盼。

(S公司盖章)

20×8年×月×日

以下仅供被询证单位使用

结论：

1. 信息证明无误。	2. 信息不符，请列明不符项目及具体内容。
(甲公司盖章) 年　月　日 经办人：	(甲公司盖章) 年　月　日 经办人：

表 3－8

存货计价测试表

被审计单位：	索引号：ZI7
项目：存货计价测试表	财务报表截止日/期间：
编制：	复核：
日期：	日期：

品名及规格：

月份	增加			减少（计价方法：　　）			结存		
	数量	单价	金额	数量	单价	金额	数量	单价	金额
期初数									
1 月									
2 月									
3 月									
4 月									
5 月									
6 月									
7 月									
8 月									
9 月									
10 月									
11 月									
12 月									
合　计									

注：本表适用于原材料、库存商品、发出商品等。

审计说明：

表 3 – 9

存货跌价准备测试表

被审计单位：	索引号：ZI8
项目：存货跌价准备测试表	财务报表截止日/期间：
编制：	复核：
日期：	日期：

序号	存货明细项目	期末余额	期末可变现净值	期末应计提跌价准备	期末已计提跌价准备	本期应补提跌价准备
合计						

审计说明：

实训二　函　证

函证，是指审计人员为了获取影响财务报表或相关披露认定的项目的信息，通过直接来自第三方对有关信息和现存状况的声明，获取和评价审计证据的过程。

一、适合函证的情况

在作出函证决策时，审计人员应当考虑评估的认定层次重大错报风险，以及通过实施其他审计程序获取的审计证据如何将检查风险降至可接受的水平。

应当对银行存款、借款（包括零余额账户和在本期内注销的账户）及与金融机构往来的其他重要信息实施函证。应收账款应当实施函证。如果有充分证据表明应收账款对财务报表不重要，或函证很可能无效，则可以不对应收账款函证。如果不对应收账款函证，审计人员应当在工作底稿中说明理由。如果认为函证很可能无效，审计人员应当实施替代审计程序，获取充分、适当的审计证据。

函证的内容通常还涉及下列账户余额或其他信息：①短期投资；②应收票据；③其他应收款；④预付账款；⑤由其他单位代为保管、加工或销售的存货；⑥长期投资；⑦委托贷款；⑧应付账款；⑨预收账款；⑩保证、抵押或质押；⑪或有事项；⑫重大或异常的交易。

采用审计抽样或其他选取测试项目的方法选择函证样本时，样本应当足以代表总体，并包括：①金额较大的项目；②账龄较长的项目；③交易频繁但期末余额较小的项目；④重大关联方交易；⑤重大或异常的交易；⑥可能存在争议以及产生重大舞弊或错误的交易。

通常以资产负债表日为截止日，在资产负债表日后适当时间内实施函证。如果重大错报风险评估为低水平，可选择资产负债表日前适当日期为截止日实施函证，并对所函证项目自该截止日起至资产负债表日止发生的变动实施实质性程序。

当被审计单位管理层要求对拟函证的某些账户余额或其他信息不实施函证时，应当考虑该项要求是否合理。如果认为管理层的要求合理，应当实施替代审计程序，以获取与这些账户余额或其他信息相关的充分、适当的审计证据。如果认为管理层的要求不合理，且被其阻挠而无法实施函证，审计人员应当视为审计范围受到限制，并考虑对审计报告可能产生的影响。

在分析管理层要求不实施函证的原因时，审计人员应当保持职业怀疑态度，并考虑：

（1）管理层是否诚信；

（2）是否可能存在重大的舞弊或错误；

（3）替代审计程序能否提供与这些账户余额或其他信息相关的充分、适当的审计证据。

二、设计询证函的要点

审计人员应当根据特定审计目标设计询证函。在设计询证函时，审计人员应当考虑所审计目标的认定以及可能影响函证可靠性的因素。

可能影响函证可靠性的因素主要包括：函证的方式；以往审计或类似业务的经验；拟函证信息的性质；选择被询证者的适当性；被询证者易于回函的信息类型。

审计人员可采用积极的或消极的函证方式实施函证，也可将两种方式结合使用。如果采用积极的函证方式，审计人员应当要求被询证者在所有情况下必须回函，确认询证函所列示信息是否正确，或填列询证函要求的信息。如果采用消极的函证方式，审计人员只要求被询证者仅在不同意询证函列示信息的情况下才予以回函。积极的函证方式通常比消极的函证方式提供的审计证据可靠。当同时存在下列情况时，审计人员可考虑采用消极的函证方式：①重大错报风险评估为低水平；②涉及大量余额较小的账户；③预期不存在大量的错误；④没有理由相信被询证者不认真对待函证。

三、函证的实施与评价

审计人员应当考虑被审计单位的经营环境、内部控制的有效性、账户或交易的性质、被询证者处理询证函的习惯做法及回函的可能性等，以确定函证的内容、范围、时间和方式。

当实施函证时审计人员应当对选择被询证者、设计询证函以及发出和收回询证函保持控制。

审计人员应当采取下列措施对函证实施过程进行控制：

(1)将被询证者的名称、地址与被审计单位有关记录核对；

(2)将询证函中列示的账户余额或其他信息与被审计单位有关资料核对；

(3)在询证函中指明直接向接受审计业务委托的会计师事务所回函；

(4)询证函经被审计单位盖章后，由审计人员直接发出；

(5)将发出询证函的情况形成审计工作记录；

(6)将收到的回函形成审计工作记录，并汇总统计函证结果。

如果被询证者以传真、电子邮件等方式回函，审计人员应当直接接收，并要求被询证者寄回询证函原件。

如果采用积极的函证方式实施函证而未能收到回函，审计人员应当考虑与被询证者联系。如果未能得到被询证者的回应，审计人员应当实施替代审计程序。替代审计程序应当能够提供实施函证所能够提供的同样效果的审计证据。

如果实施函证和替代审计程序都不能提供财务报表有关认定的充分、适当的审计证据，审计人员应当实施追加的审计程序。

在评价实施函证和替代审计程序获取的审计证据是否充分、适当时，审计人员应当考虑：①函证和替代审计程序的可靠性；②不符事项的原因、频率、性质和金额；③实施其他审计程序获取的审计证据。

在评价函证的可靠性时，审计人员应当考虑：对询证函的设计、发出及收回的控制情况；被询证者的胜任能力、独立性、授权回函情况、对函证项目的了解及其客观性；被审计单位施加的限制或回函中的限制。

如果有迹象表明收回的询证函不可靠，审计人员应当实施适当的审计程序予以证实或消除疑虑。审计人员应当考虑不符事项是否构成错报及其对财务报表可能产生的影响，并将结果形成审计工作记录。如果不符事项构成错报，审计人员应当重新考虑所实施审计程序的性质、时间和范围。审计人员应当评价函证及函证以外的审计程序的实施结果是否为所审计的认定提供了充分、适当的审计证据。

四、函证的主要审计工作底稿

应收账款询证函

积极式询证函(格式一)

编号：

甲公司：

本公司聘请的××会计师事务所正在对本公司20×7年度财务报表进行审计，按照中国注册会计师审计准则的要求，应当询证本公司与贵公司的往来账项等事项。下列信息出自本公司账簿记录，如与贵公司记录相符，请在本函下端“信息证明无误”处签章证明；如有不符，请在“信息不符”处列明不符项目；如存在与本公司有关的未列入本函的其他项目，也请在“信息不符”处列出这些项目的金额及详细资料。回函请直接寄至××会计师事务所。

回函地址：　　　　　　　　　　　　　　　　　　邮编：

电话：　　　　　　　　　　传真：　　　　　　　联系人：

1. 本公司与贵公司的往来账项列示如下：

单位：元

截止日期	贵公司欠	欠贵公司	备　注

2. 其他事项：

本函仅为复核账目之用，并非催款结算。若款项在上述日期之后已经付清，仍请及时函复为盼。

（被审计单位盖章）

20×8年×月×日

结论：

1. 信息证明无误。	2. 信息不符，请列明不符项目及具体内容。
（甲公司盖章） 年　月　日 经办人：	（甲公司盖章） 年　月　日 经办人：

积极式询证函(格式二)

编号:

甲公司:

本公司聘请的××会计师事务所正在对本公司20×7年度财务报表进行审计，按照中国注册会计师审计准则的要求，应当询证本公司与贵公司的往来账项等事项。请列示截止20×7年×月×日贵公司与本公司往来款项余额。回函请直接寄至××会计师事务所。

回函地址:　　　　　　　　　　　　　　　邮编:

电话:　　　　　　　传真:　　　　　　　联系人:

本函仅为复核账目之用，并非催款结算。若款项在上述日期之后已经付清，仍请及时函复为盼。

(被审计单位盖章)

20×8年×月×日

1. 贵公司与本公司的往来账项列示如下:

单位: 元

截止日期	贵公司欠	欠贵公司	备　注

2. 其他事项:

(甲公司盖章)

20×8年×月×日

经办人:

消极式询证函(格式三)

编号：

甲公司：

本公司聘请的××会计师事务所正在对本公司20×7年度财务报表进行审计，按照中国注册会计师审计准则的要求，应当询证本公司与贵公司的往来账项等事项。下列信息出自本公司账簿记录，如与贵公司记录相符，则无需回复；如有不符，请直接回函寄至××会计师事务所，并在空白处列明贵公司认为正确的信息。

回函地址：　　　　　　　　　　　　邮编：

电话：　　　　　　传真：　　　　　　联系人：

1. 本公司与贵公司的往来账项列示如下：

单位：元

截止日期	贵公司欠	欠贵公司	备　注

2. 其他事项：

本函仅为复核账目之用，并非催款结算。若款项在上述日期之后已经付清，仍请及时函复为盼。

（被审计单位盖章）

20×8年×月×日

××会计师事务所：

上面的信息不正确，差异如下：

（甲公司盖章）

20×8年×月×日

经办人：

表 3－10

应收账款函证结果汇总表

被审计单位：	索引号：ZD4
项目：应收账款函证结果汇总表	财务报表截止日/期间：
编制：	复核：
日期：	日期：

a. 应收账款函证情况列表：

项目 单位名称	询证函编号	函证方式	函证日期		回函日期	账面金额	回函金额	经调节后是否存在差异	调节表索引号
			第一次	第二次					
甲									
乙									
丙									
……									

b. 对误差的分析：

项　　目	金　　额
1. 已识别的误差	
2. 推断出的总体误差(扣除已识别的误差)	

审计说明：

表 3－11

应收账款函证结果调节表

被审计单位：	索引号：ZD5
项目：应收账款函证结果调节表	财务报表截止日/期间：
编制：	复核：
日期：	日期：

被询证单位：______________________________

回函日期：______________________

1．被询证单位回函余额：________________

2．减：被询证单位已记录项目：

序号	日期	摘要（运输途中、存在争议的项目等）	凭证号	金　额
1				
2				
3				
…				
合计				

3．加：被审计单位已记录项目：

序号	日期	摘要（运输途中、存在争议的项目等）	凭证号	金　额
1				
2				
3				
…				
合计				

4．调节后余额：________________

5．被审计单位账面余额：____________

6．调节后是否存在差异，差异金额：__________

审计说明：

表 3－12

应收账款替代测试表

被审计单位： 项目：应收账款——（单位名称）替代测试 编制： 日期：	索引号：ZD6 所审计会计期间： 复核： 日期：

一、期初余额

二、借方发生额

入账金额				检查内容（用"√"、"×"表示）			
序号	日期	凭证号	金额	①	②	③	……
1							
2							
…							
小计							
全年借方发生额合计							
测试金额占全年借方发生额的比例							

三、贷方发生额

入账金额				检查内容（用"√"、"×"表示）			
序号	日期	凭证号	金额	①	②	③	……
1							
2							
…							
小计							
全年贷方发生额合计							
测试金额占全年贷方发生额的比例							

四、期末余额

五、期后收款检查

检查内容说明：①原始凭证是否齐全；②记账凭证与原始凭证是否相符；3. 账务处理是否正确；④是否记录于恰当的会计期间；⑤……

审计说明：

表 3－13

银行存款函证结果汇总表

被审计单位：	索引号：ZA2－4
项目：银行存款函证结果汇总表	财务报表截止日/期间：
编制：	复核：
日期：	日期：

开户银行	账号	币种	函证情况					冻结、质押等事项说明	备　注
			对账单余额	函证日期	回函日期	回函金额	金额差异		

审计说明：

索引号 ZA2－5

银行询证函

编号：

××（银行）：

本公司聘请的××会计师事务所正在对本公司20×7年度财务报表进行审计，按照中国注册会计师审计准则的要求，应当询证本公司与贵行相关的信息。下列信息出自本公司记录，如与贵行记录相符，请在本函下端“信息证明无误”处签章证明；如有不符，请在“信息不符”处列明不符项目及具体内容；如存在与本公司有关的未列入本函的其他重要信息，也请在“信息不符”处列出其详细资料。回函请直接寄至××会计师事务所。

回函地址：　　　　　　　　　　　　　　　　邮编：

电话：　　　　　　　　传真：　　　　　　　联系人：

截至20×7年12月31日止，本公司与贵行相关的信息列示如下：

1. 银行存款

账户名称	银行账号	币种	利率	余额	起止日期	是否被质押、用于担保或存在其他使用限制	备　注

除上述列示的银行存款外，本公司并无在贵行的其他存款。

注：“起止日期”一栏仅适用于定期存款，如为活期或保证金存款，可只填写“活期”或“保证金”字样。

2. 银行借款

借款人名称	币种	本息余额	借款日期	到期日期	利率	借款条件	抵(质)押品/担保人	备注

除上述列示的银行借款外，本公司并无在贵行的其他借款。

注：此项仅函证截至资产负债表日本公司尚未归还的借款。

3. 截至函证日之前12个月内注销的账户

账户名称	银行账号	币种	注销账户日

除上述列示的账户外，本公司并无截至函证日之前12个月内在贵行注销的其他账户。

4. 委托存款

账户名称	银行账号	借款方	币种	利率	余额	存款起止日期	备注

除上述列示的委托存款外，本公司并无通过贵行办理的其他委托存款。

5. 委托贷款

账户名称	银行账号	资金使用方	币种	利率	本金	利息	贷款起止日期	备注

除上述列示的委托贷款外，本公司并无通过贵行办理的其他委托贷款。

6. 担保

(1)本公司为其他单位提供的、以贵行为担保受益人的担保：

被担保人	担保方式	担保金额	担保期限	担保事由	担保合同编号	被担保人与贵行就担保事项往来的内容(贷款等)	备注

除上述列示的担保外，本公司并无其他以贵行为担保受益人的担保。

注：如采用抵押或质押方式提供担保的，应在备注中说明抵押或质押物情况。

(2)贵行向本公司提供的担保：

被担保人	担保方式	担保金额	担保期限	担保事由	担保合同编号	备　注

除上述列示的担保外，本公司并无贵行提供的其他担保。

7. 本公司为出票人且由贵行承兑而尚未支付的银行承兑汇票

银行承兑汇票号码	票面金额	出票日	到期日

除上述列示的银行承兑汇票外，本公司并无由贵行承兑而尚未支付的其他银行承兑汇票。

8. 本公司向贵行已贴现而尚未到期的商业汇票

商业汇票号码	付款人名称	承兑人名称	票面金额	票面利率	出票日	到期日	贴现日	贴现率	贴现净额

除上述列示的商业汇票外，本公司并无向贵行已贴现而尚未到期的其他商业汇票。

9. 本公司为持票人且由贵行托收的商业汇票

商业汇票号码	承兑人名称	票面金额	出票日	到期日

除上述列示的商业汇票外，本公司并无由贵行托收的其他商业汇票。

10. 本公司为申请人、由贵行开具的、未履行完毕的不可撤销信用证

信用证号码	受益人	信用证金额	到期日	未使用金额

除上述列示的不可撤销信用证外，本公司并无由贵行开具的、未履行完毕的其他不可撤销信用证。

11. 本公司与贵行之间未履行完毕的外汇买卖合约

类　　别	合约号码	买卖币种	未履行的合约买卖金额	汇率	交收日期
贵行卖予本公司					
本公司卖予贵行					

除上述列示的外汇买卖合约外，本公司并无与贵行之间未履行完毕的其他外汇买卖合约。

12. 本公司存放于贵行的有价证券或其他产权文件

有价证券或其他产权文件名称	产权文件编号	数量	金额

除上述列示的有价证券或其他产权文件外，本公司并无存放于贵行的其他有价证券或其他产权文件。

13. 其他重大事项

注：此项应填列审计人员认为重大且应予函证的其他事项，如信托存款等；如无则应填写“不适用”。

（公司盖章）

年×月×日

——————————以下仅供被询证银行使用——————————

结论：

1. 信息证明无误。 （银行盖章） 年　　月　　日 经办人：	2. 信息不符，请列明不符项目及具体内容（对于在本函前述第1项至第13项中漏列的其他重要信息，请列出详细资料）。 （银行盖章） 年　　月　　日 经办人：

实训三　分析程序

一、使用分析程序的情况及其要求

实施分析程序的目的包括：

（1）用作风险评估程序，以了解被审计单位及其环境；

（2）当使用分析程序比细节测试能更有效地将认定层次的检查风险降至可接受的水平时，分析程序可以用作实质性程序；

（3）在审计结束或临近结束时对财务报表进行总体复核。

分析程序还包括调查识别出的、与其他相关信息不一致或与预期数据严重偏离的波动和关系。应当将分析程序用作风险评估程序，以了解被审计单位及其环境，并在审计结束时运用分析程序对财务报表进行总体复核，也可将分析程序用作实质性程序。

在实施分析程序时，应当考虑将被审计单位的财务信息与下列各项信息进行比较：

(1)以前期间的可比信息；

(2)被审计单位的预期结果或者审计人员的预期数据；

(3)所处行业或同行业中规模相近的其他单位的可比信息；

(4)财务信息各构成要素之间的关系；

(5)财务信息与相关非财务信息之间的关系。

实施分析程序可以使用不同的方法，包括从简单的比较到使用高级统计技术的复杂分析。分析程序可以运用于合并财务报表、组成部分的财务报表以及财务信息的要素。

用作实质性程序的分析程序称为实质性分析程序。在设计和实施实质性分析程序时，审计人员应当考虑下列主要因素：

(1)确定实质性分析程序对特定认定的适用性；

(2)对已记录的金额或比率作出预期时，所依据的内部或外部数据的可靠性；

(3)作出预期的准确程度是否足以在计划的保证水平上识别重大错报；

(4)已记录金额与预期值之间可接受的差异额。

实质性分析程序通常更适用于在一段时期内存在可预期关系的大量交易。在信赖实质性分析程序的结果时，审计人员应当考虑实质性分析程序存在的风险，即分析程序的结果显示数据之间存在预期关系而实际上却存在重大错报。在确定实质性分析程序对特定认定的适用性时，审计人员应当考虑下列因素：

(1)评估的重大错报风险。如果针对特别风险仅实施实质性程序，审计人员应当使用细节测试，或将细节测试和实质性分析程序结合使用，以获取充分、适当的审计证据。

(2)针对同一认定的细节测试。在对同一认定实施细节测试的同时实施实质性分析程序可能是适当的。

在确定实质性分析程序使用的数据是否可靠时，审计人员应当考虑下列因素：

(1)可获得信息的来源；

(2)可获得信息的可比性；

(3)可获得信息的性质和相关性；

(4)与信息编制相关的控制。

当实施实质性分析程序时，如果使用被审计单位编制的信息，审计人员应当考虑测试与信息编制相关的控制，以及这些信息是否在本期或前期经过审计。

在审计结束或临近结束时，应当运用分析程序对财务报表进行总体复核，以确定财务报表整体是否与其对被审计单位的了解一致。如果识别出以前未识别的重大错报风险，应当重新考虑对全部或部分各类交易、账户余额、列报评估的风险，并在此基础上重新评价之前计划的审计程序。

当通过实施分析程序识别出与其他相关信息不一致或者偏离预期数据的重大波动或关系时，审计人员应当进行调查并获取充分的解释和恰当的佐证审计证据。在调查异常波动和关系时，审计人员应当在询问管理层的基础上采取下列措施：

(1)将管理层的答复与审计人员对被审计单位的了解以及在审计过程中获取的其他审计证据进行比较，以印证管理层的答复；

(2)如果管理层不能提供解释或者解释不充分，考虑是否需要运用其他审计程序。

二、比较数据

获取充分、适当的审计证据，确定比较数据是否符合企业会计准则的规定。

(一)主要审计程序

1. 如果是连续审计，执行下列审计程序：

(1)审查比较数据采用的会计政策与本期数据采用的会计政策是否一致，如不一致，是否已经作出适当调整和充分披露；

(2)审查比较数据与上期财务报表反映的金额和相关披露是否一致，如不一致，是否已经作出适当调整和充分披露。

2. 如果上期财务报表由前任审计人员审计，或未经审计，执行下列审计程序：

(1)上述第1项列示的两个审计程序；

(2)按照《中国注册会计师审计准则第1331号——首次接受委托时对期初余额的审计》的规定实施审计程序，获取充分、适当的审计证据。

3. 当以前针对上期财务报表出具了非无保留意见的审计报告时，出具审计报告应考虑：

(1)如果导致非无保留意见的事项仍未解决，分下列两种情况予以处理：

①如果未解决的事项导致对本期数据出具非无保留意见的审计报告，应当在审计报告中对比较数据和本期数据发表非无保留意见；

②如果未解决的事项不导致对本期数据出具非无保留意见的审计报告，应当在审计报告中对比较数据发表非无保留意见。

(2)如果导致非无保留意见的事项已经解决，并已在本期财务报表中得到恰当处理，分下列两种情况予以处理：

①导致非无保留意见的事项对本期不重要，在针对本期财务报表出具的审计报告中不再提及该事项；

②导致非无保留意见的事项对本期仍很重要，在审计报告中增加强调事项段提及这一情况。

4. 当注意到影响上期财务报表的重大错报，而以前未就该重大错报出具非无保留意见的审计报告时，出具审计报告应考虑：

(1)如果上期财务报表已经更正，并已重新出具审计报告，应当获取充分、适当的审计证据，以确定比较数据与更正的财务报表是否一致；

(2)如果上期财务报表未经更正，也未重新出具审计报告，且比较数据未经恰当重述和充分披露，应当对本期财务报表出具非无保留意见的审计报告，说明比较数据对本期财务报表的影响；

(3)如果上期财务报表未经更正，也未重新出具审计报告，但比较数据已在本期财务报表中恰当重述和充分披露，可以在审计报告中增加强调事项段，说明这一情况。

5. 如果识别出比较数据存在重大错报，应当要求管理层更正比较数据。如果管理层拒绝更正，应当出具恰当的非无保留意见的审计报告。

（二）主要审计工作底稿

表 3－14

事务所横向趋势分析表

年度

单位名称： 单位：万元

会计报表项目	上年度已审数	本年度未审数	增减数		说明（增减比例超过10%以上项目说明）
			金额	%	
	①	②	③＝②－①	④＝③÷①	
营业收入					
营业成本					
营业毛利					
利润总额					
净利润					
存货					
应收账款					
速动资产					
流动资产					
流动负债					
流动资产净额					
固定资产					
在建工程					
资产总额					
负债总额					
实收资本					
净资产					

编制： 日期： 复核： 日期：

实训单元四　主要账户的审计程序

资产认定、审计目标和审计程序对应关系

审　计　目　标	财务报表认定				
	存在	完整性	权利和义务	计价和分摊	列报
A. 资产负债表中记录的资产是存在的。	√				
B. 应当记录的资产均已记录。		√			
D. 记录的资产由被审计单位拥有或控制。			√		
C. 资产以恰当的金额包括在财务报表中，与之相关的计价调整已恰当记录。				√	
E. 资产已按照企业会计准则的规定在财务报表中作出恰当列报。					√

实训一　货币资金审计

一、主要审计程序

（一）库存现金

1. 核对库存现金日记账与总账的金额是否相符，检查非记账本位币库存现金的折算汇率及折算金额是否正确。

2. 监盘库存现金：

（1）制定监盘计划，确定监盘时间；

（2）将盘点金额与现金日记账余额进行核对，如有差异，应要求被审计单位查明原因并作适当调整，如无法查明原因，应要求被审计单位按管理权限批准后作出调整；

（3）在非资产负债表日进行盘点时，应调整至资产负债表日的金额；

（4）若有充抵库存现金的借条、未提现支票、未作报销的原始凭证，需在盘点表中注明，如有必要应作调整（特别关注数家公司混用现金保险箱的情况）。

3. 抽查大额库存现金收支。检查原始凭证是否齐全、记账凭证与原始凭证是否相符、账务处理是否正确、是否记录于恰当的会计期间等项内容。

4. 根据评估的舞弊风险等因素增加的其他审计程序。

（二）银行存款

1. 获取或编制银行存款余额明细表：

（1）复核加计是否正确，并与总账数和日记账合计数核对是否相符；

（2）检查非记账本位币银行存款的折算汇率及折算金额是否正确。

2. 计算银行存款累计余额应收利息收入，分析比较被审计单位银行存款应收利息收入与实际利息收入的差异是否恰当，评估利息收入的合理性，检查是否存在高息资金拆借，确认银行存款余额是否存在，利息收入是否已经完整记录。

3. 检查银行存单：

编制银行存单检查表，检查是否与账面记录金额一致，是否被质押或限制使用，存单是否为被审计单位所拥有。

（1）对已质押的定期存款，应检查定期存单，并与相应的质押合同核对，同时关注定期存单对应的质押借款有无入账；

（2）对未质押的定期存款，应检查开户证实书原件；

（3）对审计外勤工作结束日前已提取的定期存款，应核对相应的兑付凭证、银行对账单和定期存单复印件。

4. 取得并检查银行存款余额调节表：

（1）取得被审计单位的银行存款余额对账单，并与银行询证函回函核对，确认是否一致，抽样核对账面记录的已付票据金额及存款金额是否与对账单记录一致。

（2）获取资产负债表日的银行存款余额调节表，检查调节表中加计数是否正确，调节后银行存款日记账余额与银行对账单余额是否一致。

（3）检查调节事项的性质和范围是否合理：

①检查是否存在跨期收支和跨行转账的调节事项。编制跨行转账业务明细表，检查跨行转账业务是否同时对应转入和转出，未在同一期间完成的转账业务是否反映在银行存款余额调节表的调整事项中。

②检查大额在途存款和未付票据：

——检查在途存款的日期，查明发生在途存款的具体原因，追查期后银行对账单存款记录日期，确定被审计单位与银行记账时间差异是否合理，确定在资产负债表日是否需审计调整；

——检查被审计单位的未付票据明细清单，查明被审计单位未及时入账的原因，确定账簿记录时间晚于银行对账单的日期是否合理；

——检查被审计单位未付票据明细清单中有记录，但截至资产负债表日银行对账单无记录且金额较大的未付票据，获取票据领取人的书面说明，确认资产负债表日是否需要进行调整；

——检查资产负债表日后银行对账单是否完整地记录了调节事项中银行未付票据金额。

（4）检查是否存在未入账的利息收入和利息支出。

（5）检查是否存在其他跨期收支事项。

（6）（当未经授权或授权不清支付货币资金的现象比较突出时）检查银行存款余额调节表中支付给异常的领款（包括没有载明收款人）、签字不全、收款地址不清、金额较大票据的调整事项，确认是否存在舞弊。

5. 函证银行存款余额，编制银行函证结果汇总表，检查银行回函：

（1）向被审计单位在本期存过款的银行发函，包括零账户和账户已结清的银行；

（2）确定被审计单位账面余额与银行函证结果的差异，对不符事项作出适当处理。

6. 检查银行存款账户存款人是否为被审计单位，若存款人非被审计单位，应获取该账户户主和被审计单位的书面声明，确认资产负债表日是否需要调整。

7. 关注是否存在质押、冻结等对变现有限制或存在境外的款项。是否已做必要的调整和披露。

8. 对不符合现金及现金等价物条件的银行存款在审计工作底稿中予以列明，以考虑其对现金流量表的影响。

9. 抽查大额银行存款收支的原始凭证，检查原始凭证是否齐全、记账凭证与原始凭证是否相符、账务处理是否正确、是否记录于恰当的会计期间等项内容。检查是否存在非营业日的大额货币资金转移，并核对相关账户的进账情况；如有与被审计单位生产经营无关的收支事项，应查明原因并作相应的记录。

10. 检查银行存款收支的截止是否正确。选取资产负债表日前后若干张、一定金额以上的凭证实施截止测试，关注业务内容及对应项目，如有跨期收支事项，应考虑是否进行调整。

11. 根据评估的舞弊风险等因素增加的其他审计程序。

（三）其他货币资金

1. 获取或编制其他货币资金明细表：

（1）复核银行汇票存款、银行本票存款、信用卡存款、信用证保证金存款、存出投资款、外埠存款等加计是否正确，并与总账数和日记账明细账合计数核对是否相符；

（2）检查非记账本位币其他货币资金的折算汇率及折算金额是否正确。

2. 取得并检查其他货币资金余额调节表：

（1）取得被审计单位银行对账单，检查被审计单位提供的银行对账单是否存在涂改或修改的情况，确定银行对账单金额的正确性，并与银行回函结果核对是否一致，抽样核对账面记录的已付款金额及存款金额是否与对账单记录一致。

①应将保证金户对账单与相应的交易进行核对。检查保证金与相关债务的比例和合同约定是否一致。特别关注是否存在有保证金发生，而被审计单位账面无对应的保证事项的情形；

②若信用卡持有人是被审计单位职员，应取得该职员提供的确认书，并应考虑进行调整。

（2）获取资产负债表日的其他货币资金存款余额调节表，检查调节表中加计数是否正确，调节后其他货币资金日记账余额与银行对账单余额是否一致。

（3）检查调节事项的性质和范围是否合理，如存在重大差异应作审计调整。

3. 函证银行汇票存款、银行本票存款、信用卡存款、信用证保证金存款、存出投资款、外埠存款等期末余额，编制其他货币资金函证结果汇总表，检查银行回函。

4. 检查其他货币资金存款账户存款人是否为被审计单位，若存款人非被审计单位，应获取该账户户主和被审计单位的书面声明，确认资产负债表日是否需要调整。

5. 关注是否有质押、冻结等对变现有限制，或存放在境外，或有潜在回收风险的款项。

6. 选取资产负债表日前后若干张、一定金额以上的凭证，对其他货币资金收支凭证实施截止测试，如有跨期收支事项，应考虑是否进行调整。

7. 抽查大额其他货币资金收付记录。检查原始凭证是否齐全、记账凭证与原始凭证是否相符、账务处理是否正确、是否记录于恰当的会计期间等项内容。

8. 根据评估的舞弊风险等因素增加的其他审计程序。

9. 检查货币资金是否已按照企业会计准则的规定在财务报表中作出恰当列报。

财务报表附注是否按库存现金、银行存款、其他货币资金分别列示货币资金情况。因质押或冻结等对使用有限制、存放在境外、有潜在回收风险的款项应单独说明。

二、主要审计工作底稿

表 4－1

库存现金监盘表

被审计单位：	索引号：ZA1－1
项目：库存现金监盘表	财务报表截止日/期间：
编制：	复核：
日期：	日期：

实有库存现金盘点记录

项目		项次	人民币	某外币	面额	人民币		某外币	
						张	金额	张	金额
上一日账面库存余额		①							
盘点日未记账传票收入金额		②			1000 元				
盘点日未记账传票支出金额		③			500 元				
盘点日账面应有金额		④＝①＋②－③			100 元				
盘点日实有库存现金数额		⑤			50 元				
盘点日应有与实有差异		⑥＝④－⑤			10 元				
差异原因分析	白条抵库（张）				5 元				
					2 元				
					1 元				
					0.5 元				
					0.2 元				
					0.1 元				
					合计				
追溯调整	报表日至审计日库存现金付出总额								
	报表日至审计日库存现金收入总额								
	报表日库存现金应有余额								
	报表日账面汇率								
	报表日余额折合本位币金额								
本位币合计									

出纳员：　　会计主管人员：　　监盘人：　　检查日期：

审计说明：

表 4－2

银行存单检查表

被审计单位：
项目：银行存单检查表
编制：
日期：

索引号：ZA2－2
财务报表截止日/期间：
复核：
日期：

开户银行	账号	币种	户名	存入日期	到期日	期末存单余额	期末账面余额	备 注

注：备注栏可填写是否被质押、用于担保或存在其他使用限制等情况说明。

审计说明：

表 4－3

银行存款余额调节表的检查

被审计单位：	索引号：ZA2－3
项目：对×××账户银行存款余额调节表的检查	财务报表截止日/期间：
编制：	复核：
日期：	日期：

开户银行：________ 银行账号：________ 币种：________

项 目	金额	调节项目说明	是否需要审计调整
银行对账单余额			
加：企业已收，银行尚未入账合计金额			
其中：1.			
2.			
减：企业已付，银行尚未入账合计金额			
其中：1.			
2.			
调整后银行对账单余额			
企业银行存款日记账余额			
加：银行已收，企业尚未入账合计金额			
其中：1.			
2.			
减：银行已付，企业尚未入账合计金额			
其中：1.			
2.			
调整后企业银行存款日记账余额			

经办会计人员（签字）： 会计主管（签字）：

审计说明：

由于在函证实训中包含银行的函证，此处不再赘述。其他审计程序可以使用通用审计程序表。

实训二　交易性金融资产审计

一、主要审计程序

1. 获取或编制交易性金融资产明细表：

(1)复核加计正确，并与报表数、总账数和明细账合计数核对是否相符；

(2)检查非记账本位币交易性金融资产的折算汇率及折算是否正确；

(3)与被审计单位讨论以确定划分为交易性金融资产是否符合企业会计准则的规定。

2. 就被审计单位管理层将投资确定划分为交易性金融资产的意图获取审计证据，并考虑管理层实施该意图的能力。应向管理层询问，并通过下列方式对管理层的答复予以印证：

(1)考虑管理层以前所述的对于划分为交易性金融资产的意图的实际实施情况；

(2)复核包括预算、会议纪要等在内的书面计划和其他文件记录；

(3)考虑管理层选择划分为交易性金融资产的理由；

(4)考虑管理层在既定经济环境下实施特定措施的能力。

3. 确定交易性金融资产余额正确及存在：

(1)获取股票、债券、基金等账户对账单，与明细账余额核对，作出记录或进行适当调整。

(2)被审计单位人员盘点交易性金融资产，编制交易性金融资产盘点表。审计人员实施监盘并检查交易性金融资产名称、数量、票面价值、票面利率等内容，同时与相关账户余额进行核对；如有差异，查明原因，作出记录或进行适当调整。

(3)如交易性金融资产在审计工作日已售出或兑换，则追查至相关原始凭证，以确认其在资产负债表日存在。

(4)在外保管的交易性金融资产等应查阅有关保管的文件，必要时可向保管人函证，复核并记录函证结果。了解在外保管的交易性金融资产实质上是否为委托理财，如是，则应详细记录，分析资金的安全性和可收回性，提请被审计单位重新分类，并充分披露。

4. 确定交易性金融资产的会计记录是否完整，并确定所购入交易性金融资产归被审计单位所拥有：

(1)取得有关账户流水单，对照检查账面记录是否完整，检查购入交易性金融资产是否为被审计单位拥有；

(2)向相关机构发函，并确定是否存在变现限制，同时记录函证过程。

5. 确定交易性金融资产的计价是否正确：

(1)复核交易性金融资产计价方法，检查其是否按公允价值计量，前后期是否一致；

(2)复核公允价值取得依据是否充分，公允价值与账面价值的差额是否计入公允价值变动损益科目。

6. 抽取交易性金融资产增减变动的相关凭证，检查其原始凭证是否完整合法，会计处理是否正确：

(1)抽取交易性金融资产增加的记账凭证，注意其原始凭证是否完整合法，成本、交易费用和相关利息或股利的会计处理是否符合规定；

(2)抽取交易性金融资产减少的记账凭证，检查其原始凭证是否完整合法，会计处理是否正确，注意出售交易性金融资产时其成本结转是否正确。

7. 检查有无变现存在重大限制的交易性金融资产，如有，则查明情况，并做适当调整。

8. 针对识别的舞弊风险等因素增加的审计程序。

9. 检查交易性金融资产检查是否已按照企业会计准则的规定在财务报表中作出恰当列报。

二、主要审计工作底稿

表 4－4

交易性金融资产公允价值复核表

被审计单位：	索引号：ZB8
项目：交易性金融资产公允价值复核表	财务报表截止日/期间：
编制：	复核：
日期：	日期：

项目名称	账面数		复核						备注
	期末数量①	期末余额②	市价③	市价来源	证券市值④＝①×③	差异⑤＝②－④	差异原因	与上期计价方法是否一致	
合 计									

审计说明：

函证与监盘也是交易性金融资产审计中常使用的方法，它的函证与银行存款及应收账款函证非常类似，而它的监盘与现金监盘比较类似，可以借鉴，此处不再赘述。

实训三　应收款项审计

一、主要审计程序

1．获取或编制应收款项明细表：

(1)复核加计是否正确，并与总账数和明细账合计数核对是否相符，结合坏账准备科目与报表数核对是否相符；

(2)检查非记账本位币应收款项的折算汇率及折算是否正确；

(3)分析有贷方余额的项目，查明原因，必要时，作重分类调整；

(4)结合其他应收款、预收账款等往来项目的明细余额，调查有无同一客户多处挂账、异常余额或与销售无关的其他款项(如代销账户、关联方账户或雇员账户)，如有，应做出记录，必要时作调整；

(5)标识重要的欠款单位，计算其欠款合计数占应收款项余额的比例。

2．检查涉及应收款项的相关财务指标：

(1)复核应收款项借方累计发生额与主营业务收入是否配比，并将当期应收款项借方发生额占销售收入净额的百分比与管理层考核指标比较，如存在差异，应查明原因；

(2)计算应收款项周转率、应收款项周转天数等指标，并与被审计单位以前年度指标、同行业同期相关指标对比分析，检查是否存在重大异常。

3．获取或编制应收款项账龄分析表：

(1)测试计算的准确性；

(2)将加总数与应收款项总分类账余额相比较，并调查重大调节项目；

(3)检查原始凭证，如销售发票、运输记录等，测试账龄核算的准确性；

(4)请被审计单位协助，在应收款项明细表上标出至审计时已收回的应收款项金额，对已收回金额较大的款项进行常规检查，如核对收款凭证、银行对账单、销货发票等，并注意凭证发生日期的合理性，分析收款时间是否与合同相关要素一致。

4．对应收款项进行函证。

除非有充分证据表明应收款项对财务报表不重要或函证很可能无效，否则，应对应收款项进行函证。如果不对应收款项进行函证，应在工作底稿中说明理由。如果认为函证很可能无效，应当实施替代审计程序获取充分、适当的审计证据。

(1)选取函证项目。

(2)对函证实施过程进行控制：核对询证函是否由审计人员直接收发；被询证者以传真、电子邮件等方式回函的，应要求被询证者寄回询证函原件；如果未能收到积极式函证回函，应当考虑与被询证者联系，要求对方作出回应或再次寄发询证函。

(3)编制“应收款项函证结果汇总表”，对函证结果进行评价。核对回函内容与被审计单位账面记录是否一致，如不一致，分析不符事项的原因，检查销售合同、发运单等相关原始单据，分析被审计单位对于回函与账面记录之间差异的解释是否合理，编制“应收款项函证结果调节表”，并检查支持性凭证；如果不符事项构成错报，应重新考虑所实施审计程序的性质、时间和范围。

（4）针对最终未回函的账户实施替代审计程序（如实施期后收款测试、检查运输记录、销售合同等相关原始资料及询问被审计单位有关部门等）。

5. 对未函证应收款项实施替代审计程序。抽查有关原始凭据，如销售合同、销售订单、销售发票副本、发运凭证及回款单据等，以验证与其相关的应收款项的真实性。

6. 抽查有无不属于结算业务的债权：抽查应收款项明细账，并追查至有关原始凭证，查证被审计单位有无不属于结算业务的债权。如有，应建议被审计单位作适当调整。

7. 通过检查自资产负债表日至审计报告日止被审计单位授予欠款单位的、大于一定金额的减免应收款项凭证以测试其准确性。检查资产负债表日前后销售退回和赊销水平，确定是否存在异常迹象（如与正常水平相比），并考虑是否有必要追加审计程序。

8. 评价坏账准备计提的适当性：

（1）取得或编制坏账准备计算表，复核加计正确，与坏账准备总账数、明细账合计数核对相符。将应收款项坏账准备本期计提数与资产减值损失相应明细项目的发生额核对，是否相符。

（2）检查应收款项坏账准备计提和核销的批准程序，取得书面报告等证明文件。评价计提坏账准备所依据的资料、假设及方法；复核应收款项坏账准备是否按经股东（大）会或董事会批准的既定方法和比例提取，其计算和会计处理是否正确。

（3）根据账龄分析表，选取大于一定金额、逾期若干天的账户，以及认为必要的其他账户（如有收款问题记录的账户，收款问题行业集中的账户）。复核并测试所选取账户期后收款情况。针对所选取的账户，与授信部门经理或其他负责人员讨论其可收回性，并复核往来函件或其他相关信息，以支持被审计单位就此作出的声明。针对坏账准备计提不足情况进行调整。

（4）实际发生坏账损失的，检查转销依据是否符合有关规定，会计处理是否正确。

（5）已经确认并转销的坏账重新收回的，检查其会计处理是否正确。

（6）通过比较前期坏账准备计提数和实际发生数，以及检查期后事项，评价应收款项坏账准备计提的合理性。

9. 复核应收款项和相关总分类账、明细分类账和现金日记账，调查异常项目。对大额或异常及关联方应收款项，即使回函相符，仍应抽查其原始凭证。

10. 检查应收款项减少有无异常。

11. 检查应收款项中是否存在债务人破产或者死亡，以其破产财产或者遗产清偿后仍无法收回，或者债务人长期未履行偿债义务的情况，如果是，应提请被审计单位处理。

12. 标明应收关联方［包括持股5%以上（含5%）股东］的款项，执行关联方及其交易审计程序，并注明合并报表时应予抵消的金额；对关联企业、有密切关系的主要客户的交易事项作专门核查：

（1）了解交易事项目的、价格和条件，作比较分析；

（2）检查销售合同、销售发票、货运单证等相关文件资料；

（3）检查收款凭证等货款结算单据；

（4）向关联方、有密切关系的主要客户或其他审计人员函询，以确认交易的真实性、合理性。

13. 检查银行存款和银行贷款等询证函的回函、会议纪要、借款协议和其他文件，确定应收款项是否已被质押或出售。

14. 根据评估的舞弊风险等因素增加的审计程序。

15. 检查应收款项是否已按照企业会计准则的规定在财务报表中作出恰当列报。

二、主要审计工作底稿

函证是应收款项十分重要的，但由于前述函证实训已经包含应收款项的函证，此处不再复述。

表 4－5

应收账款坏账准备计算表

被审计单位：	索引号：ZD7
项目：应收账款坏账准备计算表	财务报表截止日/期间：
编制：	复核：
日期：	日期：

<table>
<tr><td colspan="5">计　　算　　过　　程</td><td>索引号</td></tr>
<tr><td colspan="4">一、坏账准备本期期末应有金额①＝②＋③</td><td>______①</td><td></td></tr>
<tr><td colspan="6">1. 期末单项金额重大且有客观证据表明发生了减值的应收款项对应坏账准备应有余额</td></tr>
<tr><td colspan="2">单位名称</td><td colspan="3">金　额</td><td></td></tr>
<tr><td colspan="2">单位甲</td><td colspan="3"></td><td></td></tr>
<tr><td colspan="2">单位乙</td><td colspan="3"></td><td></td></tr>
<tr><td colspan="2">……</td><td colspan="3"></td><td></td></tr>
<tr><td colspan="2">合　计</td><td colspan="3">______②</td><td></td></tr>
<tr><td colspan="6">2. 期末单项金额非重大以及经单独测试后未减值的单项金额重大的应收款项对应坏账准备应有余额</td></tr>
<tr><td>项　目</td><td>账龄</td><td>应收款项余额</td><td>坏账准备计提比例</td><td>坏账准备应有余额</td><td></td></tr>
<tr><td>应收账款</td><td>1 年以内（含 1 年）</td><td></td><td>× ___ %</td><td></td><td></td></tr>
<tr><td></td><td>1～2 年（含 2 年）</td><td></td><td>× ___ %</td><td></td><td></td></tr>
<tr><td></td><td>2～3 年（含 3 年）</td><td></td><td>× ___ %</td><td></td><td></td></tr>
<tr><td></td><td>3 年以上</td><td></td><td>× ___ %</td><td></td><td></td></tr>
<tr><td></td><td>合　计</td><td></td><td></td><td>______③</td><td></td></tr>
<tr><td colspan="4">二、坏账准备上期审定数</td><td>______④</td><td></td></tr>
<tr><td colspan="6">三、坏账准备本期转出（核销）金额</td></tr>
<tr><td colspan="2">单位名称</td><td colspan="3">金额</td><td></td></tr>
<tr><td colspan="2">单位丙</td><td colspan="3"></td><td></td></tr>
<tr><td colspan="2">单位丁</td><td colspan="3"></td><td></td></tr>
<tr><td colspan="2">……</td><td colspan="3"></td><td></td></tr>
<tr><td colspan="2">合　计</td><td colspan="3">______⑤</td><td></td></tr>
<tr><td colspan="4">四、计算坏账准备本期全部应计提金额</td><td></td><td></td></tr>
<tr><td colspan="4">⑥＝①－④＋⑤</td><td>______⑥</td><td></td></tr>
</table>

表 4－6

应收票据明细表

被审计单位：
项目：应收票据明细表
编制：
日期：

索引号：ZC2
财务报表截止日/期间：
复核：
日期：

类别	票种	出票/背书单位	承兑单位	期末数	出票日	到期日	是否逾期	是否质押	期后转销情况	监盘情况	是否函证
关联方：											
小计											
非关联方：											
小计											
合计											

	承兑单位	出票日	到期日	票面金额	贴现情况			承兑人到期兑付情况
					日期	单位	金额	
本期应收票据贴现情况								

实训四 可供出售金融资产审计

一、主要审计程序

1. 获取或编制可供出售金融资产明细表：

(1)复核加计是否正确，并与总账数和明细账合计数核对是否相符；

(2)结合可供出售金融资产减值准备科目与报表数核对是否相符；

(3)与被审计单位讨论以确定划分为可供出售金融资产是否符合会计准则的规定；

(4)与上年明细项目进行比较，确定与上年分类相同。

2. 根据被审计单位管理层的意图和能力，判断可供出售金融资产的分类是否正确。

3. 确定可供出售金融资产的余额正确并存在：

(1)对于没有划分为以公允价值计量且其变动记入当期损益的金融资产，获取股票、债券、基金等账户对账单，与明细账余额核对，需要时，向证券登记公司等发函询证，以确认其存在；如有差异，查明原因，作出记录或进行适当调整。

(2)被审计单位的主管会计人员盘点库存可供出售金融资产，编制可供出售金融资产盘点表，审计人员实施监盘并检查可供出售金融资产名称、数量、票面价值、票面利率等内容，并与相关账户余额进行核对；如有差异，查明原因，作出记录或进行适当调整。

(3)如可供出售金融资产在审计工作日已售出或兑换，则追查至相关原始凭证，以确认其在审计截止日存在。

(4)在外保管的可供出售金融资产等应查阅有关保管的文件，必要时可向保管人函证，复核并记录函证结果。了解在外保管的可供出售金融资产是否实质上为委托理财，如是，则应详细记录，分析资金的安全性和可收回性，提请被审计单位重新分类，并充分披露。

4. 确定可供出售金融资产的会计记录完整，由被审计单位拥有：

(1)分别自本期增加、本期减少中选择适量项目，追查至原始凭证，检查其是否经授权批准，确认有关可供出售金融资产的购入、售出、兑换及投资收益金额正确，记录完整，并确认所购入可供出售金融资产归被审计单位拥有。

(2)检查可供出售金融资产的处置时，是否将原直接计入资本公积的公允价值变动累计额对应处置部分的金额转出，计入投资收益。

5. 确定可供出售金融资产的计价正确：

(1)复核可供出售金融资产的计价方法，检查其是否按公允价值计量，前后期是否一致，公允价值取得依据是否充分。

(2)与被审计单位讨论以确定实际利率确定依据是否充分，非本期新增投资，复核实际利率是否与前期一致。

(3)重新计算持有期间的利息收入和投资收益，按票面利率计算确定当期应收利息，按可供出售金融资产摊余成本和实际利率计算确定当期投资收益，差额作为利息调整，与应收利息和投资收益中的相应数字核对无误。

(4)复核可供出售金融资产的期末价值计量是否正确，会计处理是否正确，可供出售金融资产期末公允价值变动应计入资本公积，但应关注按实际利率法计算确定的利息、减值损失、外币货币性金融资产形成的汇兑损益应确认为当期损益，与财务费用、资产减值损失等科目中的相应数字核对无误。

6. 期末对可供出售金融资产进行如下逐项检查，以确定可供出售金融资产是否已经发生减值：

(1)核对可供出售金融资产减值准备本期与以前年度计提方法是否一致，如有差异，查明政策调整的原因，并确定政策变更对本期损益的影响，提请被审计单位做适当披露。

(2)期末，对可供出售金融资产逐项进行检查，以确定是否已经发生减值。如果可供出售金融资产的公允价值发生较大幅度下降，或在综合考虑各种相关因素后，预期这种下降趋势属于非暂时性的，可认定该项可供出售金融资产已发生减值，应当确认减值损失，并与被审计单位已计提数相核对，如有差异，查明原因。

(3)将本期减值准备计提(或转回)金额与利润表资产减值损失中的相应数字核对无误。

(4)可供出售金融资产减值准备按单项资产(或包括在具有类似信用风险特征的金融资产组)计提，计提依据充分，得到适当批准。

7. 检查非货币性资产交易、债务重组的会计处理是否正确。

8. 结合银行借款等的检查，了解可供出售金融资产是否存在质押、担保的情况。如有，则应详细记录，并提请被审计单位进行充分披露。

9. 针对识别的舞弊风险等因素增加的审计程序。

10. 检查可供出售金融资产的列报是否恰当：

(1)各类可供出售金融资产期初、期末价值；

(2)确定可供出售金融资产的依据；

(3)可供出售金融资产利得和损失的计量基础；

(4)可供出售金融资产减值的判定依据。

二、主要审计工作底稿

可供出售金融资产资产审计使用的工作底稿也主要是监盘、函证、分析性复核及通用审计工作底稿等，此处不再赘述。

实训五　持有至到期投资审计

一、主要审计程序

1. 获取或编制持有至到期投资明细表：

(1)复核加计正确，并与总账数和明细账合计数核对是否相符；

(2)结合持有至到期投资减值准备科目与报表数核对是否相符；

(3)检查非记账本位币持有至到期投资的折算汇率及折算金额是否正确；

(4)与被审计单位讨论以确定划分为持有至到期投资的金融资产是否符合企业会计准则

的规定；

(5)与上年度明细项目进行比较，确定与上年度分类相同。

具有到期日固定、回收金额固定或可确定、企业有明确意图和能力持有至到期、有活跃市场特征的金融资产可划分为持有至到期投资的金融资产。

2. 就被审计单位管理层将投资确定划分为持有至到期投资的意图获取审计证据，并考虑管理层实施该意图的能力。应向管理层询问，并通过下列方式对管理层的答复予以印证：

(1)考虑管理层以前所述的对于划分为持有至到期投资的实际实施情况；

(2)复核包括预算、会议纪要等在内的书面计划和其他文件记录；

(3)考虑管理层将某项资产划分为持有至到期投资的理由；

(4)考虑管理层在既定经济环境下实施特定措施的能力。

3. 确定持有至到期投资的余额正确和持有至到期投资的存在：

(1)被审计单位的主管会计人员盘点库存持有至到期投资，编制持有至到期投资盘点表。审计人员实施监盘并检查持有至到期投资名称、数量、票面价值、票面利率等内容，同时与相关账户余额进行核对；如有差异，查明原因，作出记录或进行适当调整。

(2)如持有至到期投资在审计工作日已售出或兑换，则追查至相关原始凭证，以确认其在资产负债表日存在。

(3)在外保管的持有至到期投资等应查阅有关保管的文件，必要时可向保管人函证。询证函由审计人员直接收发、复核并记录函证结果。了解在外保管的持有至到期投资实质上是否为委托理财，如是，则应详细记录、分析资金的安全性和可收回性，提请被审计单位重新分类，并充分披露；如可以向证券公司等获取对账单的，应取得对账单，并与明细账余额核对，需要时，发函询证，以确认其存在。如有差异，查明原因，作出记录或进行适当调整。

4. 确定持有至到期投资的会计记录完整，并确定所购入持有至到期投资归被审计单位拥有：分别自本期增加、本期减少中选择适量项目，追查至原始凭证，检查其是否经授权批准，确认有关持有至到期投资的购入、售出、处置及投资收益金额正确，记录完整，并确认所购入持有至到期投资归被审计单位拥有。

5. 确定持有至到期投资的计价正确：

(1)检查持有至到期投资初始计量正确。

(2)复核其计价方法，检查是否按摊余成本计量，前后期是否一致。

(3)与被审计单位讨论确定实际利率确定依据是否充分，非本期新增投资，复核实际利率是否与前期一致。

(4)重新计算持有期间的利息收入和投资收益。按票面利率计算确定当期应收利息，按持有至到期投资摊余成本和实际利率计算确定当期投资收益，差额作为利息调整，与应收利息(分期付息)或应计利息(到期付息)和投资收益中的相应数字核对无误。

6. 检查持有至到期投资与可供出售金融资产相互重分类的依据是否充分，会计处理是否正确。

7. 期末对成本计量的持有至到期投资进行如下逐项检查，以确定持有至到期投资是否已经发生减值：

(1)核对持有至到期投资减值准备本期与以前年度计提方法是否一致，如有差异，查明政策调整的原因，并确定政策改变对本期损益的影响，提请被审计单位做适当披露。

(2)期末，对持有至到期投资逐项进行检查，以确定是否已经发生减值。如确有出现导致其预计未来现金流量现值低于账面价值的情况，将预计未来现金流量现值低于账面价值的差额作为持有至到期投资减值准备予以计提，并与被审计单位已计提数相核对，如有差异，查明原因。

(3)将本期减值准备计提(或转回)金额与利润表资产减值损失中的相应数字核对；持有至到期投资减值准备按单项资产(或包括在具有类似信用风险特征的金融资产组)计提，计提依据充分，得到适当批准。持有至到期投资价值得以恢复的，原确认的减值损失应予以转回，复核转回后的账面价值不超过假设不计提减值准备情况下该持有至到期投资在转回日的摊余成本，会计处理是否正确。

8. 检查非货币性资产交易、债务重组时取得或转出持有至到期投资的会计处理是否正确。

9. 结合银行借款等的检查，了解持有至到期投资是否存在质押、担保情况。如有，则应详细记录，并提请被审计单位进行充分披露。

10. 针对识别的舞弊风险等因素增加的审计程序。

11. 检查持有至到期投资的列报是否恰当：

(1)各类持有至到期投资期初、期末价值；

(2)确定持有至到期投资的依据；

(3)持有至到期投资利得和损失的计量基础。

二、主要审计工作底稿

持有至到期投资审计使用的工作底稿如表 4－7 所示。

表 4－7

持有至到期投资——债券投资利息测算表

被审计单位：	索引号：ZK3
项目：债券投资利息测算表	财务报表截止日/期间：
编制：	复核：
日期：	日期：

项目名称	面值①	到期日	票面利率②	实际利率③	年初摊余成本④	测算数			账面数		差异		差异原因
						利息收益⑤＝④×③	现金流量⑥＝①×②	年末摊余成本⑦＝④＋⑤－⑥	应收(计)利息⑧	投资收益⑨	应收(计)利息⑩＝⑧－⑥	投资收益⑪＝⑨－⑤	

实训六　长期股权投资

一、主要审计程序

1. 获取或编制长期股权投资明细表，复核加计是否正确，并与总账数和明细账合计数核对是否相符；结合长期股权投资减值准备科目与报表数核对是否相符。

2. 确定长期股权投资是否存在，并归被审计单位所有；根据管理层的意图和能力，分类是否正确；针对各分类其计价方法、期末余额是否正确：

(1)根据有关合同和文件，确认长期股权投资的股权比例和时间，检查长期股权投资核算方法是否正确。

(2)取得被投资单位的章程、营业执照、组织机构代码证等资料。

(3)分析被审计单位管理层的意图和能力，检查有关原始凭证，验证长期股权投资分类的正确性(分为对子公司、联营企业、合营企业和其他企业的投资四类)，是否不包括应由金融工具确认和计量准则核算的长期股权投资。

(4)对于应采用权益法核算的长期股权投资，获取被投资单位已经审计人员审计的年度财务报表，如果未经审计人员审计，则应考虑对被投资单位的财务报表实施适当的审计或审阅程序；复核投资损益时，根据重要性原则，应以取得投资时被投资单位各项可辨认资产的公允价值为基础，对被投资单位的净损益进行调整后加以确认，被投资单位采用的会计政策及会计期间与被审计单位不一致的，应当按照被审计单位的会计政策及会计期间对被投资单位的财务报表进行调整，据以确认投资损益，并作出详细记录；将重新计算的投资损益与被审计单位计算的投资损益相核对，如有重大差异，查明原因，并做适当调整；关注被审计单位在其被投资单位发生净亏损或以后期间实现盈利时的会计处理是否正确；检查除净损益以外被投资单位所有者权益的其他变动，是否调整计入所有者权益。

(5)对于采用成本法核算的长期股权投资，检查股利分配的原始凭证及分配决议等资料，确定会计处理是否正确；对被审计单位实施控制而采用成本法核算的长期股权投资，比照权益法编制变动明细表，以备合并报表使用；对于成本法和权益法相互转换的，检查其投资成本的确定是否正确。

3. 确定长期股权投资增减变动的记录是否完整：检查本期增加的长期股权投资，追查至原始凭证及相关的文件或决议及被投资单位验资报告或财务资料等，确认长期股权投资是否符合投资合同、协议的规定，会计处理是否正确(根据企业合并形成、企业合并以外其他方式取得的长期股权投资分别确定初始投资成本)；检查本期减少的长期股权投资，追查至原始凭证，确认长期股权投资的处理有合理的理由及授权批准手续，会计处理是否正确。

4. 期末对长期股权投资进行逐项检查，以确定长期股权投资是否已经发生减值：

(1)核对长期股权投资减值准备本期与以前年度计提方法是否一致，如有差异，查明政策调整的原因，并确定政策改变对本期损益的影响，提请被审计单位做适当披露。

(2)对长期股权投资进行逐项检查，根据被投资单位经营政策、法律环境、市场需求、行业及盈利能力等的各种变化判断长期股权投资是否存在减值迹象。当长期股权投资可收回金额低于账面价值时，应将可收回金额低于账面价值的差额作为长期股权投资减值准备予以计提，并应与被审计单位已计提数相核对，如有差异，查明原因。

(3)将本期减值准备计提金额与利润表中资产减值损失的相应数字进行核对；长期股权投资减值准备按单项资产计提，计提依据是否充分，是否得到适当批准。

5. 检查通过发行权益性证券、投资者投入、企业合并等方式取得的长期股权投资的会计处理是否正确。

6. 对于长期股权投资分类发生变化的，检查其核算是否正确。

7. 结合银行借款等的检查，了解长期股权投资是否存在质押、担保情况。如有，则应详细记录，并提请被审计单位进行充分披露。

8. 与被审计单位人员讨论确定是否存在被投资单位由于所在国家和地区及其他方面的影响，其向被审计单位转移资金的能力受到限制的情况。如存在，应详细记录受限情况，并提请被审计单位充分披露。

8. 根据评估的舞弊风险等因素增加的审计程序。

9. 检查长期股权投资的列报是否恰当：

(1)子公司、合营企业和联营企业清单，包括企业名称、注册地、业务性质、投资企业的持股比例和表决权比例；

(2)合营企业和联营企业当期的主要财务信息，包括资产、负债、收入、费用等的合计金额；

(3)被投资单位向投资企业转移资金的能力受到严格限制的情况；

(4)当期及累计未确认的投资损失金额；

(5)与对子公司、合营企业及联营企业投资相关的或有负债。

二、主要审计工作底稿

表4-8

长期股权投资明细表

被审计单位：	索引号：ZM2
项目：长期股权投资明细表	财务报表截止日/期间：
编制：	复核：
日期：	日期：

被投资单位名称	持股比例	投资时间	投资方式	初始投资成本	期初余额	本期增加	本期减少	期末余额	核算方法	投资文件索引号	备注
合　计											

编制说明：1. 投资方式指现金出资、发行权益性证券、投资者投入、非货币性资产交换、债务重组、企业合并等；

2. 投资文件指产权登记表、投资协议、出资证明、验资报告等；

3. 备注可填写本年新增加、处置投资是否有授权批准或其他说明事项。

实训七　投资性房地产审计

一、主要审计程序

1. 获取或编制投资性房地产明细表。

(1)复核加计正确，并与总账数和明细账合计数核对是否相符；

(2)结合投资性房地产累计摊销(折旧)、投资性房地产减值准备科目与报表数核对是否相符；

(3)与被审计单位讨论以确定划分为投资性房地产的建筑物、土地使用权是否符合会计准则的规定。

2. 根据被审计单位管理层的能力和意图，检查对投资性房地产的分类和采用的计量属性是否适当，是否符合会计准则的规定。

3. 确定投资性房地产是否存在，期末余额是否正确。

(1)获取本期投资性房地产增加和减少的明细表以及投资性房地产登记簿，投资性房地产增加、减少明细表和投资性房地产登记簿中的本期增减累计数应与投资性房地产变动表中的本期增减累计数相等。

(2)会计处理是否正确。

(3)依据投资性房地产增加明细表和期初投资性房地产成本分别选取适量项目。如果选取的所有项目在期末仍存在，安排对其进行实地检查，复核该资产是否真实存在；如果挑选的样本在期末已清理或处理，需确认清理或处理的资产已经办理审批手续，其清理的收益或损失已正确地计算，并进行正确的会计处理。

4. 确定投资性房地产增加计价是否恰当，并确定其归被审计单位所有，增减变动的记录是否完整、正确。

(1)对于所选取的本期新增加的项目，追查至购买协议(合同)、原始发票、验收报告等以确认其有效性、金额的正确性以及新增投资性房地产是否经过有效的批准，并归被审计单位所有。

(2)检查建筑物权证、土地使用权证等证明文件，确定建筑物、土地使用权是否归被审计单位所有。

(3)对于所选取的本期增加和期初的投资性房地产项目，追查至会计截止日的投资性房地产备查簿以确认挑选的样本是否已清理。

(4)对于所选取的本期减少的项目，需确认处置的资产已经办理审批手续，其处置的收益或损失已正确地计算，并进行正确的会计处理。

5. 与被审计单位讨论以确定投资性房地产后续计量模式选用的依据是否充分。与上期政策进行比较，确定后续计量模式的一致性。如不一致，则详细记录变动原因。

6. 确定投资性房地产后续计量选用公允价值模式的政策是否恰当，有关公允价值是否持续可靠取得，计算复核期末计价正确。

(1)被审计单位投资性房地产的后续计量采用公允价值模式计价的，期末，应逐项检查公允价值的确定依据是否充分，重点检查公允价值能持续可靠取得的确凿证据，检查公允价值变动损益计算是否正确，会计处理是否正确。与利润表公允价值变动损益中的相应数字核对无误。

(2)询问并获取相关资料，评价被审计单位确定公允价值采用方法的适当性，公允价值选用的合理性，包括被审计单位的决策程序、公允价值的确定方法、估值模型的选择、披露的充分性等。

(3)考虑利用专家的工作程度，对专家的胜任能力和客观性或工作结果适当性进行评价。

7. 投资性房地产后续计量选用成本计量模式，确定投资性房地产累计摊销(折旧)政策是否恰当，计算复核本期摊销(折旧)的计提是否正确。

(1)了解被审计单位所使用的建筑物折旧率和土地使用权摊销率，确定其制定是否恰当。

(2)确认被审计单位除已提足折旧或摊销的投资性房地产外，其他投资性房地产均已计提折旧和摊销。

(3)根据投资性房地产的平均水平测算整个会计期间的摊销(折旧)额，与投资性房地产中的折旧和摊销本期增加数相核对，如有差异，查明原因。

(4)将本期折旧和摊销金额与利润表中其他业务支出的相应数字核对无误。

8. 期末对成本模式计量的投资性房地产进行如下检查，以确定投资性房地产是否已经发生减值。

(1)核对投资性房地产减值准备本期与以前年度计提方法是否一致，如有差异，查明政策调整的原因，并确定政策变更对本期损益的影响，提请被审计单位做适当披露。

(2)期末，对以成本模式计量的投资性房地产逐项进行检查，以确定是否已经发生减值。如确有出现导致其可收回金额低于账面价值的情况，将可收回金额低于账面价值的差额作为投资性房地产减值准备予以计提，并与投资性房地产中的减值准备本期增加数相核对，如有差异，查明原因。

(3)将本期减值准备计提金额与利润表中资产减值损失的相应数字核对无误。

(4)投资性房地产减值准备按单项资产(或资产组)计提，计提依据充分，得到适当批准。

9. 确定投资性房地产后续计量模式的转换是否恰当。

(1)检查董事会等决议文件，确定后续计量模式改变的适当性、会计处理的正确性，并提请被审计单位进行充分披露。

(2)审查投资性房地产成本计量模式转为公允价值计量模式是否作为会计政策变更进行追溯调整期初留存收益处理。

10. 如被审计单位投资性房地产与其他资产发生相互转换的，应审查转换依据是否充分，是否经过有效批准；转换日房地产成本计量是否正确，会计处理是否正确。

(1)复核在成本模式下，是否将房地产转换前的账面价值作为转换后的入账价值。

(2)复核采用公允价值模式计量的投资性房地产转换为自用房地产时，是否以其转换当日的公允价值作为自用房地产的账面价值，公允价值与原账面价值的差额是否计入当期损益。

(3)自用房地产或存货转换为采用公允价值模式计量的投资性房地产时，投资性房地产按照转换当日的公允价值计价，转换当日的公允价值小于原账面价值的，其差额计入当期损益；转换当日的公允价值大于原账面价值的，其差额计入资本公积。

11. 获取租赁合同等文件，重新计算租金收入，检查投资性房地产的租金收入计算是否正确、会计处理是否正确，租金收入是否计入其他业务收入。

12. 检查本期对投资性房地产进行改良或装修的会计处理是否正确。

13. 检查有无与关联方的投资性房地产购售活动，交易价格是否公允。

14. 检查非货币性资产交换、债务重组时取得或转出投资性房地产的会计处理是否正确。

15. 检查投资性房地产的处置目的，检查凭证是否齐全、合法，会计处理是否正确。

16. 结合银行借款等的检查，了解建筑物、土地使用权是否存在抵押、担保情况。如有，则应详细记录，并提请被审计单位进行充分披露。检查投资性房地产的保险情况。

17. 根据评估的舞弊风险等因素增加的审计程序。

18. 检查投资性房地产的列报是否恰当：

(1)投资性房地产的种类、金额和计量模式。

(2)采用成本模式的，投资性房地产的折旧或摊销，以及减值准备的计提情况；采用公允价值模式的，说明公允价值的确定依据和方法，以及公允价值变动对损益的影响。

(3)房地产转换情况、理由，以及对损益或所有者权益的影响。

(4)当期处置的投资性房地产及其对损益的影响 。

二、主要审计工作底稿

表 4－9

投资性房地产审定表

被审计单位：	索引号：ZN1
项目：投资性房地产审定表	财务报表截止日/期间：
编制：	复核：
日期：	日期：

项目名称	期末未审数	账项调整		重分类调整		期末审定数	上期末审定数	索引号
		借方	贷方	借方	贷方			
一、原价合计								
1. 房屋、建筑物								
2. 土地使用权								
二、累计折旧或累计摊销合计								
1. 房屋、建筑物								
2. 土地使用权								
三、投资性房地产减值准备合计								
1. 房屋、建筑物								
2. 土地使用权								
四、投资性房地产账面价值合计								
1. 房屋、建筑物								
2. 土地使用权								

审计结论：

表 4 - 10

投资性房地产明细变动表(成本模式)

客户:　　　　　　　　　　　　　　索引号:ZN2 - 1
项目:投资性房地产明细变动表(成本模式)　　财务报表截止日/期间:
编制:　　　　　　　　　　　　　　复核:
日期:　　　　　　　　　　　　　　日期:

项　目　名　称	期初余额	本期增加	本期减少	期末余额
一、原价合计				
1. 房屋、建筑物				
……				
2. 土地使用权				
……				
二、累计折旧或累计摊销合计				
1. 房屋、建筑物				
……				
2. 土地使用权				
……				
三、投资性房地产减值准备合计				
1. 房屋、建筑物				
……				
2. 土地使用权				
……				
四、投资性房地产账面价值合计				
1. 房屋、建筑物				
……				
2. 土地使用权				
……				

审计说明:

表 4－11

投资性房地产明细变动表(公允价值模式)

客户：
项目：投资性房地产明细变动表(公允价值模式)
编制：
日期：

索引号：ZN2－2
财务报表截止日/期间：
复核：
日期：

项　目　名　称	期初余额	本期增加	本期减少	期末余额
一、成本合计				
1.房屋、建筑物				
……				
2.土地使用权				
……				
二、公允价值变动合计				
1.房屋、建筑物				
……				
2.土地使用权				
……				
三、投资性房地产账面价值合计				
1.房屋、建筑物				
……				
2.土地使用权				
……				

审计说明：

表 4－12

投资性房地产检查表

被审计单位：　　　　　　　　　　索引号：ZN3
项目：投资性房地产检查表　　　　财务报表截止日/期间：
编制：　　　　　　　　　　　　　复核：
日期：　　　　　　　　　　　　　日期：

序号	资产信息						检查记录			与资产信息不一致的说明
	资产编号	资产名称	金额	抵押担保情况	坐落地点	面积	与资产信息一致	使用人	使用状态	
1										
2										
3										
4										
…										

审计说明：

表 4－13

投资性房地产产权证明核对表

被审计单位：	索引号：ZN4
项目：投资性房地产产权证明核对表	财务报表截止日/期间：
编制：	复核：
日期：	日期：

序号	账面（登记簿）资产信息							产权证明核对			说明与资产信息不一致的原因
	资产所有者名称	资产编号	资产名称	金额	抵押担保情况	坐落地点	面积	产权证书名称	产权证书编号	与资产信息核对一致	
1											
2											
3											
4											
…											

审计说明：

表 4-14

投资性房地产公允价值复核表

被审计单位：	索引号：ZN5
项目：投资性房地产公允价值复核表	财务报表截止日/期间：
编制：	复核：
日期：	日期：

项目名称	账面数								备注
	面积 ①	期末余额 ②	参考单价 ③	参考单价来源	公允价值 ④=①×③	差异 ⑤=②-④	差异原因	与上期计价方法一致	
1. 房屋、建筑物									
…									
2. 土地使用权									
……									
合计									

审计说明：

表 4－15

投资性房地产与自用房地产互转审核表（成本模式）

被审计单位：	索引号：ZN6
项目：投资性房地产与自用房地产互转审核表（成本模式）	财务报表截止日/期间：
编制：	复核：
日期：	日期：

项目名称	自用房地产转换日价值			投资性房地产转换日价值			转换原因	批准文件	备　　注
	资产原值	累计折旧	减值准备	账面原值	累计折旧	减值准备			
1. 房屋、建筑物									
……									
2. 土地使用权									
……									
合　计									

审计说明：

表 4－16

投资性房地产与自用房地产互转审核表(公允价值模式)

被审计单位：	索引号：ZN7
项目：投资性房地产与自用房地产互转审核表(公允价值模式)	财务报表截止日/期间：
编制：	复核：
日期：	日期：

项目名称	自用房地产转换日价值			投资性房地产转换日价值	转换影响		转换原因	批准文件	备　注
	资产原值 ①	累计折旧 ②	减值准备 ③	公允价值 ④	当期损益 ⑤＝(①－②－③)－④	资本公积 ⑥＝④－(①－②－③)			
1. 房屋、建筑物									
……									
2. 土地使用权									
……									
合　计									

审计说明：

表 4－17

投资性房地产租金收入测算表

被审计单位：	索引号：ZN8
项目：投资性房地产租金收入测算表	财务报表截止日/期间：
编制：	复核：
日期：	日期：

项目名称	承租人	租赁期间	租赁月数 ①	租赁面积 ②	租赁单价 ③	应计租金收入 ④＝①×②×③	已计租金收入 ⑤	差异 ⑥＝④－⑤	差异原因	租赁协议索引号
1. 房屋、建筑物										
……										
2. 土地使用权										
……										
合　计										

审计说明：

实训八　固定资产审计

一、主要审计程序

(一)固定资产

1. 获取或编制固定资产明细表，复核加计是否正确，并与总账数和明细账合计数核对是否相符，结合累计折旧和固定资产减值准备与报表数核对是否相符。

2. 实质性分析程序：

(1)基于对被审计单位及其环境的了解，通过进行以下比较，并考虑有关数据间关系的影响，建立有关数据的期望值：

①分类计算本期计提折旧额与固定资产原值的比率，并与上期比较。

②计算固定资产修理及维护费用占固定资产原值的比例，并进行本期各月、本期与以前各期的比较。

(2)确定可接受的差异额。

(3)将实际情况与期望值相比较，识别需要进一步调查的差异。

(4)如果其差额超过可接受的差异额，调查并获取充分的解释和恰当的佐证审计证据(例如：通过检查相关的凭证)。

(5)评估分析程序的测试结果。

3. 实地检查重要固定资产(如为首次接受审计，应适当扩大检查范围)，确定其是否存在，关注是否存在已报废但仍未核销的固定资产。

4. 检查固定资产的所有权或控制权：

(1)对外购的机器设备等固定资产，审核采购发票、采购合同等；

(2)对房地产类固定资产，查阅有关的合同、产权证明、财产税单、抵押借款的还款凭据、保险单等书面文件；

(3)对融资租入的固定资产，检查有关融资租赁合同；

(4)对汽车等运输设备，检查有关运营证件等；

(5)对受留置权限制的固定资产，结合有关负债项目进行检查。

5. 检查本期固定资产的增加：

(1)询问管理层当年固定资产的增加情况，并与获取或编制的固定资产明细表进行核对。

(2)检查本年度增加固定资产的计价是否正确，手续是否齐备，会计处理是否正确：

①对于外购固定资产，通过核对采购合同、发票、保险单、发运凭证等资料，抽查测试其入账价值是否正确，授权批准手续是否齐备，会计处理是否正确；如果购买的是房屋建筑物，还应检查契税的会计处理是否正确；检查分期付款购买固定资产入账价值及会计处理是否正确。

②对于在建工程转入的固定资产，应检查固定资产确认时点是否符合会计准则的规定，入账价值与在建工程的相关记录是否核对相符，是否与竣工决算、验收和移交报告等一致；对已经达到预定可使用状态，但尚未办理竣工决算手续的固定资产，检查其是否已按估计价

值入账，并按规定计提折旧。

③对于投资者投入的固定资产，检查是否按投资各方确认的价值入账，并检查确认价值是否公允，交接手续是否齐全；涉及国有资产的，是否有评估报告并经国有资产管理部门评审备案或核准确认。

④对于更新改造增加的固定资产，检查通过更新改造而增加的原值是否符合资本化条件，是否真实，会计处理是否正确；重新确定的剩余折旧年限是否恰当。

⑤对于融资租赁增加的固定资产，获取融资租入固定资产的相关证明文件，检查融资租赁合同的主要内容，并结合长期应付款、未确认融资费用科目检查相关的会计处理是否正确。

⑥对于企业合并、债务重组和非货币性资产交换增加的固定资产，检查产权过户手续是否齐备，检查固定资产入账价值及确认的损益和负债是否符合规定。

⑦如果被审计单位为外商投资企业，检查其采购国产设备退还增值税的会计处理是否正确。

⑧对于通过其他途径增加的固定资产，应检查增加固定资产的原始凭证，核对其计价及会计处理是否正确，法律手续是否齐全。

(3)检查固定资产是否存在弃置费用，如果存在弃置费用，检查弃置费用的估计方法和弃置费用现值的计算是否合理，会计处理是否正确。

6. 检查本期固定资产的减少：

(1)结合固定资产清理科目，抽查固定资产账面转销额是否正确；

(2)检查出售、盘亏、转让、报废或毁损的固定资产是否经授权批准，会计处理是否正确；

(3)检查因修理、更新改造而停止使用的固定资产的会计处理是否正确；

(4)检查投资转出固定资产的会计处理是否正确；

(5)检查债务重组或非货币性资产交换转出固定资产的会计处理是否正确；

(6)检查其他减少固定资产的会计处理是否正确。

7. 检查固定资产的后续支出：检查固定资产有关的后续支出是否满足资产确认条件；如不满足，检查该支出是否在该后续支出发生时计入当期损益。

8. 检查固定资产的租赁：

(1)固定资产的租赁是否签订了合同、租约，手续是否完备，合同内容是否符合国家规定，是否经相关管理部门的审批。

(2)租入的固定资产是否确属企业必需，或出租的固定资产是否确属企业多余、闲置不用的。

(3)租金收取是否签有合同，有无多收、少收现象。

(4)租入固定资产有无久占不用、浪费损坏的现象；租出的固定资产有无长期不收租金、无人过问的现象，是否有变相馈赠、转让等情况。

(5)租入固定资产是否已登记备查簿。

(6)如果被审计单位的固定资产中融资租赁占有相当大的比例，复核新增加的租赁协议，检查租赁是否符合融资租赁的条件，会计处理是否正确(资产的入账价值、折旧、相关负债）。检查以下内容：

①复核租赁的折现率是否合理；

②检查租赁相关税费、保险费、维修费等费用的会计处理是否符合企业会计准则的规定；

③检查融资租入固定资产的折旧方法是否合理；

④检查租赁付款情况；

⑤检查租入固定资产的成新程度。

（7）向出租人函证租赁合同及执行情况。

（8）租入固定资产改良支出的核算是否符合规定。

9. 获取暂时闲置固定资产的相关证明文件，并观察其实际状况，检查是否已按规定计提折旧，相关的会计处理是否正确。

10. 获取已提足折旧仍继续使用固定资产的相关证明文件，并作相应记录。

11. 获取持有待售固定资产的相关证明文件，并作相应记录，检查对其预计净残值调整是否正确、会计处理是否正确。

12. 检查固定资产保险情况，复核保险范围是否足够。

13. 检查有无与关联方的固定资产购售活动，是否经适当授权，交易价格是否公允。对于合并范围内的购售活动，记录应予合并抵消的金额。

14. 对应计入固定资产价值的借款费用，应根据企业会计准则的规定，结合长短期借款、应付债券或长期应付款的审计，检查借款费用资本化的计算方法和资本化金额，以及会计处理是否正确。

15. 检查购置固定资产时是否存在与资本性支出有关的财务承诺。

16. 检查固定资产的抵押、担保情况。结合对银行借款等的检查，了解固定资产是否存在重大的抵押、担保情况。如存在，应取证，并作相应的记录，同时提请被审计单位作恰当披露。

17. 检查累计折旧：

（1）获取或编制累计折旧分类汇总表，复核加计正确，并与总账数和明细账合计数核对。

（2）检查被审计单位制定的折旧政策和方法是否符合相关会计准则的规定，确定其所采用的折旧方法能否在固定资产预计使用寿命内合理分摊其成本，前后期是否一致，预计使用寿命和预计净残值是否合理。

（3）复核本期折旧费用的计提和分配：

①了解被审计单位的折旧政策是否符合规定，计提折旧范围是否正确，确定的使用寿命、预计净残值和折旧方法是否合理；如采用加速折旧法，是否取得批准文件。

②检查被审计单位折旧政策前后期是否一致。

③复核本期折旧费用的计提是否正确，尤其关注已计提减值准备的固定资产的折旧。

④检查折旧费用的分配方法是否合理，是否与上期一致；分配计入各项目的金额占本期全部折旧计提额的比例与上期比较是否有重大差异。

⑤注意固定资产增减变动时，有关折旧的会计处理是否符合规定，查明通过更新改造、接受捐赠或融资租入而增加的固定资产的折旧费用计算是否正确。

(4)将“累计折旧”账户贷方的本期计提折旧额与相应成本费用中折旧费用明细账户的借方相比较，检查本期所计提折旧金额是否已全部摊入本期产品成本或费用。若存在差异，应追查原因，并考虑是否应建议作适当调整。

(5)检查累计折旧的减少是否合理、会计处理是否正确。

18. 检查固定资产的减值准备：

(1)获取或编制固定资产减值准备明细表，复核加计正确，并与总账数和明细账合计数核对相符；

(2)检查被审计单位计提固定资产减值准备的依据是否充分，会计处理是否正确；

(3)检查资产组的认定是否恰当，计提固定资产减值准备的依据是否充分，会计处理是否正确；

(4)计算本期末固定资产减值准备占期末固定资产原值的比率，并与期初该比率比较，分析固定资产的质量状况；

(5)检查被审计单位处置固定资产时原计提的减值准备是否同时结转，会计处理是否正确；

(6)检查是否存在转回固定资产减值准备的情况，确定减值准备在以后会计期间没有转回。

19. 根据评估的舞弊风险等因素增加的审计程序。

20. 检查固定资产是否已按照企业会计准则的规定在财务报表中作出恰当列报：

(1)固定资产的确认条件、分类、计量基础和折旧方法；

(2)各类固定资产的使用寿命、预计净残值和折旧率；

(3)各类固定资产的期初和期末原价、累计折旧额及固定资产减值准备累计金额；

(4)当期确认的折旧费用；

(5)对固定资产所有权的限制及其金额和用于担保的固定资产账面价值；

(6)准备处置的固定资产名称、账面价值、公允价值、预计处置费用和预计处置时间等。

(二)固定资产清理

1. 获取或编制固定资产清理明细表，复核加计是否正确，并与报表数、总账数和明细账合计数核对是否相符。

2. 检查固定资产清理的发生是否有正当理由，是否经有关技术部门鉴定，固定资产清理的发生和转销是否经授权批准，相应的会计处理是否正确：

(1)结合固定资产等账项的审计，检查固定资产、累计折旧和固定资产减值准备等账面转入额是否正确；

(2)检查固定资产清理收入和清理费用的发生是否真实，清理净损益的计算是否正确，会计处理是否正确。

3. 由对外投资、非货币性资产交易、债务重组等原因转出产生固定资产清理的，检查相关的合同协议以及股东(大)会、董事会的决议，确定合同或协议约定的价值是否公允，检查其会计处理是否正确。

4. 检查固定资产清理是否长期挂账，如有，应作出记录，必要时建议作适当调整。

5. 根据评估的舞弊风险等因素增加的审计程序。

6. 检查固定资产清理是否已按照企业会计准则的规定在财务报表中作出恰当列报。

二、主要审计工作底稿

表 4－18

固定资产、累计折旧及减值准备明细表

被审计单位：	索引号：Z02
项目：固定资产、累计折旧及减值准备明细表	财务报表截止日/期间：
编制：	复核：
日期：	日期：

项　目　名　称	期初余额	本期增加	本期减少	期末余额	备注
一、原价合计					
其中：房屋、建筑物					
机器设备					
运输工具					
……					
二、累计折旧合计					
其中：房屋、建筑物					
机器设备					
运输工具					
……					
三、固定资产减值准备合计					
其中：房屋、建筑物					
机器设备					
运输工具					
……					
四、固定资产账面价值合计					
其中：房屋、建筑物					
机器设备					
运输工具					
……					

编制说明：备注栏可填列固定资产的使用年限、剩余使用年限、残值率和年折旧率等情况。

租赁询证函

××(公司)：

本公司聘请的××会计师事务所正在对本公司20×7年度财务报表进行审计，按照中国注册会计师审计准则的要求，应当询证本公司与贵公司的固定资产租赁情况。请根据××××年×月×日签订的有关租入贵公司[租赁资产名称]的租赁协议向××会计师事务所确认以下事项，回函请直接寄至××会计师事务所。

通信地址：

邮编：　　　　　　电话：　　　　　　传真：　　　　　　联系人：

1. 租赁期开始日与到期日：从　　　　　　到
2. 月付租金额：
3. 租赁保证金数额：
4. 如有续租选择权，请列示：
   A. 续租期间：从　　　　　　到
   B. 续租月付租金额：
5. 如有购买租赁资产的选择权，请列示：
   A. 购买价：
   B. 行使该选择权的有效期间：从　　　　　　到
   D. 月付租金额占购买价的百分比：

同时，还请向××会计师事务所提供如下相关信息：

1. 若上述租赁协议已修改部分条款或签订补充协议，请注明相应日期及条款：
2. 尚未支付金额：
3. 尚未支付原因：
4. 上述询证事项尚未涉及的或有负债：

[被审计单位名称]	[回函经办人员签字]
(公司盖章)	(公司盖章)
20×8年×月×日	年　月　日

表 4－19

折旧计算检查表

被审计单位：	索引号：Z07
项目：折旧计算检查表	财务报表截止日/期间：
编制：	复核：
日期：	日期：

固定资产名称	取得时间	使用年限	固定资产原值	残值率	累计折旧期初余额	减值准备期初余额	本期应提折旧	本期已提折旧	差异

审计说明：

表 4 – 20

固定资产清理明细表

被审计单位：	索引号：ZR2
项目：固定资产清理明细表	财务报表截止日/期间：
编制：	复核：
日期：	日期：

项目名称	清理原因	批准人	固定资产				清理费用	清理收入	期末余额	备注
			原值 ①	已提折旧 ②	减值准备 ③	净值 ④ = ① – ② – ③	⑤	⑥	⑦ = ④ + ⑤ – ⑥	

实训九　无形资产审计

一、主要审计程序

1. 获取或编制无形资产明细表，复核加计是否正确，并与总账数和明细账合计数核对是否相符；结合累计摊销、无形资产减值准备科目与报表数核对是否相符。

2. 检查无形资产的权属证书原件、非专利技术的持有和保密状况等，并获取有关协议和董事会纪要等文件、资料，检查无形资产的性质、构成内容、计价依据、使用状况和受益期限，确定无形资产是否存在，并由被审计单位拥有或控制。

3. 检查无形资产的增加：

(1)检查投资者投入的无形资产是否按投资各方确认的价值入账，并检查确认价值是否公允，交接手续是否齐全；涉及国有资产的，是否有评估报告并经国有资产管理部门评审备案或核准确认。

(2)对自行研发取得、购入或接受捐赠的无形资产，检查其原始凭证，确认计价是否正确，法律程序是否完备(如依法登记、注册及变更登记的批准文件和有效期)；会计处理是否正确。

(3)对债务重组或非货币性资产交易取得的无形资产，检查有关协议等资料，确认其计价和会计处理是否正确。

(4)检查本期购入土地使用权相关税费计算清缴情况，与购入土地使用权相关的会计处理是否正确。

4. 检查无形资产的减少：

(1)取得无形资产处置的相关合同、协议，检查其会计处理是否正确。

(2)检查房地产开发企业取得的土地用于建造对外出售的房屋建筑物，相关的土地使用权是否转入所建造房屋建筑物的成本。在土地上自行开发建造厂房等建筑物的，土地使用权和地上建筑物是否分别进行摊销和计提折旧。

(3)当土地使用权用于出租或增值目的时，检查其是否转为投资性房地产核算，会计处理是否正确。

5. 检查被审计单位确定无形资产使用寿命的依据，分析其合理性。

6. 检查无形资产的后续支出是否合理，会计处理是否正确。

7. 检查无形资产预计是否能为被审计单位带来经济利益，若否，检查是否将其账面价值予以转销，计入当期营业外支出。

8. 结合长、短期借款等项目的审计，了解是否存在用于债务担保的无形资产。如有，应取证并记录，并提请被审计单位作恰当披露。

9. 检查无形资产的摊销：

(1)获取或编制无形资产累计摊销明细表，复核加计正确，并与总账数和明细账合计数核对相符。

(2)检查无形资产各项目的摊销政策是否符合有关规定，是否与上期一致，若改变摊销政策，检查其依据是否充分。注意使用期限不确定的无形资产不应摊销，但应当在每个会计期间对其使用寿命进行复核。

(3)检查被审计单位是否在年度终了对使用寿命有限的无形资产的使用寿命和摊销方法进行复核，其复核结果是否合理。

(4)检查无形资产的应摊销金额是否为其成本扣除预计残值和减值准备后的余额，检查其预计残值的确定是否合理。

(5)复核本期摊销是否正确，与相关科目核对是否相符。

10. 检查无形资产减值准备：

(1)获取或编制无形资产减值准备明细表，复核加计正确，并与总账数和明细账合计数核对相符。

(2)检查无形资产减值准备计提和转销的批准程序，取得书面报告等证明文件。

(3)检查被审计单位计提无形资产减值准备的依据是否充分，会计处理是否正确。

(4)检查无形资产转让时，相应的减值准备是否一并结转，会计处理是否正确。

(5)对于使用寿命有限的无形资产，逐项检查是否存在减值迹象，并作出详细记录；对于使用寿命不确定的无形资产，无论是否存在减值迹象，是否都进行减值测试。

(6)通过检查期后事项，以及比较前期无形资产减值准备数与实际发生数，评价无形资产减值准备的合理性。

11. 根据评估的舞弊风险等因素增加的审计程序。

12. 检查无形资产是否已按照企业会计准则的规定在财务报表中作出恰当列报：

(1)无形资产的期初和期末账面余额、累计摊销额及减值准备累计金额。

(2)使用寿命有限的无形资产，其使用寿命的估计情况。使用寿命不确定的无形资产，其使用寿命不确定的判断依据。

(3)无形资产的摊销方法。

(4)用于担保的无形资产账面价值、当期摊销额等情况。

(5)计入当期损益和确认为无形资产的研究开发支出金额。

二、主要审计工作底稿

表 4－21

无形资产使用寿命分析表

被审计单位：	索引号：ZU3
项目：无形资产使用寿命分析表	财务报表截止日/期间：
编制：	复核：
日期：	日期：

无形资产名称	合同性权利或其他法定权利			权利到期后续约的情况			没有法定使用年限		是否属于使用寿命不确定	备　　注
	是否适用	规定年限	已确定的使用寿命	是否适用	续约期计入使用寿命的年限	已确定的使用寿命	是否估计使用寿命	是否合理		
合　计										

注：无形资产使用寿命的确定可通过下列方式进行判断：

1. 源自合同性权利或其他法定权利取得的无形资产，其使用寿命是否超过合同性权利或其他法定权利规定的期限。
2. 如果合同性权利或其他法定权利能够在到期时因续约等延续，续约期是否计入使用寿命。
3. 合同或法律没有规定使用寿命的，检查被审计单位是否综合各方面情况判断，以确定无形资产能为被审计单位带来未来经济利益的期限。比如，与同行业的情况进行比较、参考历史经验，或聘请相关专家进行论证等。
4. 按照上述方法仍无法合理确定无形资产为被审计单位带来经济利益期限的，该项无形资产应作为使用寿命不确定的无形资产。

表 4－22

无形资产累计摊销计算表

被审计单位：	索引号：ZU4
项目：无形资产累计摊销计算表	财务报表截止日/期间：
编制：	复核：
日期：	日期：

无形资产名称	发生日期	无形资产原价	残值	摊销期限	减值准备累计金额	应摊销金额	累计摊销期初余额	本期摊销额	累计摊销期末余额	剩余摊销年限	备　注
合　计											

实训十　递延所得税资产审计

一、主要审计程序

1．获取或编制递延所得税资产明细表，复核加计是否正确，并与报表数、总账数和明细账合计数核对是否相符。

2．检查被审计单位采用的会计政策是否为资产负债表债务法。

3．检查被审计单位用于确认递延所得税资产的税率是否根据税法的规定，按照预期收回该资产期间的适用税率计量。

4．识别被审计单位期初递延所得税资产和递延所得税负债的项目及金额，以及对当期经营损失以及未来期间的影响。

5．检查是否以未来期间很可能取得用来抵扣可抵扣暂时性差异的应纳税所得额为限，确认由可抵扣暂时性差异产生的递延所得税资产，并检查提供证据是否充分。

6．检查递延所得税资产增减变动记录，及可抵扣暂时性差额的形成原因，确定是否符合有关规定，计算是否正确，预计转销期是否适当，并特别关注下列事项：

(1)检查是否存在同时具有下列特征的交易因资产或负债的初始确认而产生的递延所得税资产不应予以确认，而被审计单位予以确认的情况：

①该项交易不是企业合并；

②交易发生时既不影响会计利润也不影响应纳税所得额(或可抵扣亏损)。

(2)检查被审计单位对子公司、联营企业及合营企业投资相关的可抵扣暂时性差异，在同时满足下列条件时，是否确认相应的递延所得税资产：

①暂时性差异在可预见的未来很可能转回；

②未来很可能获得用来抵扣可抵扣暂时性差异的应纳税所得额。

7．重新计算固定资产折旧形成的可抵扣暂时性差异，检查其会计处理是否正确。

8．重新计算无形资产摊销形成的可抵扣暂时性差异，检查其会计处理是否正确。

9．重新计算本期提取各类减值准备形成的可抵扣暂时性差异，检查其会计处理是否正确。

10．重新计算非同一控制下企业合并形成的可抵扣暂时性差异，检查其会计处理是否正确。

11．重新计算资产公允价值变动形成的可抵扣暂时性差异，检查其会计处理是否正确。

12．重新计算预计负债形成的可抵扣暂时性差异，检查其会计处理是否正确。

13．重新计算可用于以后年度税前利润弥补的亏损及税款抵减所形成的可抵扣暂时性差异，检查其会计处理是否正确。

14．重新计算其他可抵扣暂时性差异形成的可抵扣暂时性差异，检查其会计处理是否正确。

15．检查被审计单位是否在资产负债表日对递延所得税资产的账面价值进行复核，如果预计未来期间很可能无法获得足够的应纳税所得额用以抵扣递延所得税资产，检查是否减记递延所得税资产的账面价值。

16. 检查预期收回递延所得税资产期间的税率发生变动时，被审计单位是否对递延所得税资产进行重新计算，对其影响数的会计处理是否正确。

17. 根据评估的舞弊风险等因素增加的审计程序。

18. 检查递延所得税资产是否已按照企业会计准则的规定在财务报表中作出恰当列报：

(1)未确认递延所得税资产的可抵扣暂时性差异、可抵扣亏损的金额，如果存在到期日，还应披露到期日；

(2)对每一类暂时性差异和可抵扣亏损，在列报期间确认的递延所得税资产的金额，确定递延所得税资产的依据。

二、主要审计工作底稿

表 4－23

递延所得税资产测算表

被审计单位：	索引号：ZY3
项目：递延所得税资产测算表	财务报表截止日/期间：
编制：	复核：
日期：	日期：

项目	期末未审数①	递延所得税资产期末账面余额计算					期初余额⑦	递延所得税费用(收益)⑧	差异⑨＝⑥－①
		账面价值②	计税基础③	可抵扣差异④	税率⑤	账面余额⑥＝④×⑤			
资产账面价值小于计税基础项目									
负债账面价值大于计税基础项目									

编制说明：

1. 递延所得税资产的确认应以未来期间很可能取得的用来抵扣可抵扣暂时性差异的应纳税所得额为限；
2. 可抵扣差异④指可抵扣暂时性差异，对资产的账面价值小于计税基础的为④＝③－②，对负债的账面价值大于计税基础的为④＝②－③；
3. 递延所得税费用⑧＝当期递延所得税负债的增加(减：减少)－当期递延所得税资产的增加(加：减少)，本期递延所得税资产/负债的变动不一定都计入当期损益，也可能计入资本公积等项目，应分析填列。

实训十一　存货审计

一、主要审计程序

（一）材料采购（在途物资）

1. 获取或编制材料采购（在途物资）明细表，复核加计是否正确，并与总账数、明细账合计数核对是否相符。

2. 检查材料采购或在途物资：

（1）对大额材料采购或在途物资，追查至相关的购货合同及购货发票，复核采购成本的正确性，并抽查期后入库情况，必要时发函询证；

（2）检查期末材料采购或在途物资，核对有关凭证，查看是否存在不属于材料采购（在途物资）核算的交易或事项；

（3）检查月末转入原材料等科目的会计处理是否正确。

3. 查阅资产负债表日前后若干天材料采购（在途物资）增减变动的有关账簿记录和收料报告单等资料，检查有无跨期现象，如有，则应作出记录，必要时作调整。

4. 如采用计划成本核算，审核材料采购账项有关材料成本差异发生额的计算是否正确。

5. 检查材料采购是否存在长期挂账事项，如有，应查明原因，必要时提出建议调整。

6. 根据评估的舞弊风险等因素增加的审计程序。

（二）原材料

1. 获取或编制原材料明细表，复核加计是否正确，并与总账数、明细账合计数核对是否相符。

2. 实质性分析程序（必要时）：

（1）针对已识别需要运用分析程序的有关项目，并基于对被审计单位及其环境的了解，通过进行以下比较，同时考虑有关数据间关系的影响，以建立审计人员有关数据的期望值：

①比较当年度及以前年度原材料成本占生产成本百分比的变动，并对异常情况作出解释；

②比较原材料的实际用量与预算用量的差异，并分析其合理性；

③核对仓库记录的原材料领用量与生产部门记录的原材料领用量是否相符，并对异常情况作出解释；

④根据标准单耗指标，将原材料收发存情况与投入产出结合比较，以分析本期原材料领用、消耗、结存的合理性。

（2）确定可接受的差异额。

（3）将实际的情况与期望值相比较，识别需要进一步调查的差异。

（4）如果其差额超过可接受的差异额，调查并获取充分的解释和恰当的佐证审计证据（例如：通过检查相关的凭证）。

（5）评估分析程序的测试结果。

3. 选取代表性样本，抽查原材料明细账的数量与盘点记录的原材料数量是否一致，以确定原材料明细账的数量的准确性和完整性：

（1）从原材料明细账中选取具有代表性的样本，与盘点报告（记录）的数量核对；

（2）从盘点报告（记录）中抽取有代表性的样本，与原材料明细账的数量核对。

4. 截止测试：

（1）原材料入库的截止测试：

①在原材料明细账的借方发生额中选取资产负债表日前后若干张、一定金额以上的凭证，并与入库记录（如入库单，或购货发票，或运输单据）核对，以确定原材料入库被记录在正确的会计期间；

②在入库记录（如入库单，或购货发票，或运输单据）中选取资产负债表日前后若干张、一定金额以上的凭据，与原材料明细账的借方发生额进行核对，以确定原材料入库被记录在正确的会计期间。

（2）原材料出库截止测试：

①在原材料明细账的贷方发生额中选取有资产负债表日前后若干张、一定金额以上的凭证，并与出库记录（如出库单，或销货发票，或运输单据）核对，以确定原材料出库被记录在正确的会计期间；

②在出库记录（如出库单，或销货发票，或运输单据）中选取资产负债表日前后若干张、一定金额以上的凭据，与原材料明细账的贷方发生额进行核对，以确定原材料出库被记录在正确的会计期间。

5. 原材料计价方法的测试：

（1）检查原材料的计价方法前后期是否一致。

（2）检查原材料的入账基础和计价方法是否正确，自原材料明细表中选取适量品种：

①以实际成本计价时，将其单位成本与购货发票核对，并确认原材料成本中不包含增值税；

②以计划成本计价时，将其单位成本与材料成本差异明细账及购货发票核对。同时关注被审计单位计划成本制定的合理性；

③检查进口原材料的外币折算是否正确，检查相关的关税、增值税及消费税的会计处理是否正确。

（3）检查原材料发出计价的方法是否正确：

①了解被审计单位原材料发出的计价方法，前后期是否一致，并抽取主要材料复核其计算是否正确；若原材料以计划成本计价，还应检查材料成本差异发生和结转的金额是否正确。

②编制本期发出材料汇总表，与相关科目勾稽核对，并复核若干月发出材料汇总表的正确性。

（4）结合原材料的盘点，检查期末有无料到单未到情况，如有，应查明是否已暂估入账，其暂估价是否合理。

6. 对于通过非货币性资产交易、债务重组、企业合并以及接受捐赠等取得的原材料，检查其入账的有关依据是否真实、完备，入账价值和会计处理是否符合相关规定。

7. 检查投资者投入的原材料是否按照投资合同或协议约定的价值入账，并检查约定的价值是否公允、交接手续是否齐全。

8. 检查与关联方的购销业务是否正常，关注交易价格、交易金额的真实性及合理性，检查对合并范围内购货记录应予合并抵消的数据是否正确。

9．审核有无长期挂账的原材料，如有，应查明原因，必要时作调整。

10．结合银行借款等科目，了解是否有用于债务担保的原材料，如有，则应取证并作相应的记录，同时提请被审计单位作恰当披露。

11．根据评估的舞弊风险等因素增加的审计程序。

（三）材料成本差异

1．获取或编制材料成本差异明细表，复核加计是否正确，并与总账数、明细账合计数核对是否相符。

2．对材料成本差异率进行分析，检查是否有异常波动，注意是否存在调节成本现象。

3．结合以计划成本计价的原材料、包装物等的入账基础测试，比较计划成本与供货商发票或其他实际成本资料，检查材料成本差异的发生额是否正确。

4．抽查若干月发出材料汇总表，检查材料成本差异的分配是否正确，并注意分配方法前后期是否一致。

5．根据评估的舞弊风险等因素增加的审计程序。

（四）库存商品

1．获取或编制库存商品明细表，复核加计是否正确，并与总账数、明细账合计数核对是否相符。

2．实质性分析程序：

（1）针对已识别需要运用分析程序的有关项目，并基于对被审计单位及其环境的了解，同时通过进行以下比较，并考虑有关数据间关系的影响，以建立审计人员有关数据的期望值。

①按品种分析库存商品各月单位成本的变动趋势，以评价是否有调节生产成本或销售成本的因素；

②比较前后各期主要库存商品毛利率（按月、按生产线、按地区等）、库存商品周转率和库存商品账龄等，评价其合理性并对异常波动作出解释，查明异常情况的原因；

③比较库存商品库存量与生产量及库存能力的差异，并分析其合理性；

④核对仓库记录的库存商品入库量与生产部门记录的库存商品生产量是否一致，并对差异作出解释；

⑤核对发票记录的数量与发货量、订货量、主营业务成本记录的销售量是否一致，并对差异作出解释；

⑥比较库存商品销售量与生产量或采购量的差异，并分析其合理性；

⑦比较库存商品销售量和平均单位成本之积与账面库存商品销售成本的差异，并分析其合理性。

（2）确定可接受的差异额。

（3）将实际的情况与期望值相比较，识别需要进一步调查的差异。

（4）如果其差额超过可接受的差异额，调查并获取充分的解释和恰当的佐证审计证据（例如：通过检查相关的凭证）。

（5）评估分析程序的测试结果。

3．选取代表性样本，抽查库存商品明细账的数量与盘点记录的库存商品数量是否一致，以确定库存商品明细账的数量的准确性和完整性：

（1）从库存商品明细账中选取具有代表性的样本，与盘点报告（记录）的数量核对；

(2)从盘点报告(记录)中抽取有代表性的样本，与库存商品明细账的数量核对。

4. 截止测试：

(1)库存商品入库的截止测试：

①在库存商品明细账的借方发生额中选取资产负债表日前后若干张、一定金额以上的凭证，并与入库记录(如入库单，或购货发票，或运输单据)核对，以确定库存商品入库被记录在正确的会计期间；

②在入库记录(如入库单，或购货发票，或运输单据)中选取资产负债表日前后若干张、一定金额以上的凭据，与库存商品明细账的借方发生额进行核对，以确定库存商品入库被记录在正确的会计期间。

(2)库存商品出库截止测试：

①在库存商品明细账的贷方发生额中选取资产负债表日前后若干张、一定金额以上的凭据，并与出库记录(如出库单，或销货发票，或运输单据)核对，以确定库存商品出库被记录在正确的会计期间；

②在出库记录(如出库单，或销货发票，或运输单据)中选取资产负债表日前后若干张、一定金额以上的凭证，与库存商品明细账的贷方发生额进行核对，以确定库存商品出库被记录在正确的会计期间。

5. 库存商品计价方法的测试：

(1)检查库存商品的计价方法是否前后期一致。

(2)检查库存商品的入账基础和计价方法是否正确，自库存商品明细表中选取适量品种：

①自制库存商品以实际成本计价时，将其单位成本与成本计算单核对；以计划成本计价时，将其单位成本与相关成本差异明细账及成本计算单核对。

②外购库存商品以实际成本计价时，将其单位成本与购货发票核对；以计划成本计价时，将其单位成本与相关成本差异明细账及购货发票核对。

③抽查库存商品入库单，核对库存商品的品种、数量与入账记录是否一致；将入库商品的实际成本与相关科目(如生产成本)的结转额核对并作交叉索引。

(3)检查外购库存商品的发出计价是否正确：

①了解被审计单位对库存商品发出的计价方法，并抽取主要库存商品，检查其计算是否正确；若库存商品以计划成本计价，还应检查产品成本差异的发生和结转金额是否正确。

②编制本期库存商品发出汇总表，与相关科目勾稽核对，并复核若干月库存商品发出汇总表的正确性。

(4)结合库存商品的盘点，检查期末有无库存商品已到而相关单据未到的情况，如有，应查明是否暂估入账，其暂估价是否合理。

6. 对于通过非货币性资产交易、债务重组、企业合并以及接受捐赠取得的库存商品，检查其入账的有关依据是否真实、完备，入账价值和会计处理是否符合相关规定。

7. 检查投资者投入的库存商品是否按照投资合同或协议约定的价值入账，并同时检查约定的价值是否公允，交接手续是否齐全。

8. 检查与关联方的商品购销交易是否正常，关注交易价格、交易金额的真实性与合理性，对合并范围内购货记录应予合并抵消的数据是否抵消。

9. 审阅库存商品明细账，检查有无长期挂账的库存商品，如有，应查明原因并作适当处理。

10. 结合银行借款等科目，了解是否有用于债务担保的库存商品，如有，则应取证并作相应的记录，同时提请被审计单位作恰当披露。

11. 根据评估的舞弊风险等因素增加的审计程序。

（五）发出商品

1. 获取或编制发出商品明细表，复核加计是否正确，并与总账数、明细账合计数核对是否相符。

2. 检查发出商品有关的合同、协议和凭证，分析交易实质，检查其会计处理是否正确。

3. 检查发出商品品种、数量和金额与库存商品的结转额核对一致，并作交叉索引。

4. 了解被审计单位对发出商品结转的计价方法，并抽取主要发出商品，检查其计算是否正确；若发出商品以计划成本计价，还应检查产品成本差异发生和结转金额是否正确。

5. 编制本期发出商品汇总表与相关科目勾稽核对，并复核若干月发出商品汇总表的正确性。

6. 审核有无长期挂账的发出商品事项，如有，应查明原因，必要时作出调整。

7. 检查发出商品退回的会计处理是否正确。

8. 查阅资产负债表日前后若干天发出商品增减变动的有关账簿记录及有关的合同、协议和凭证、出库单、货运单等资料，检查有无跨期现象，如有，则应作出记录，必要时作出调整。

9. 根据评估的舞弊风险等因素增加的审计程序。

（六）商品进销差价

1. 获取或编制商品进销差价明细表，复核加计是否正确，并与总账数、明细账合计数核对是否相符。

2. 对每月商品进销差价率进行分析，检查是否有异常波动，计算方法前后期是否一致，注意是否存在调节成本现象。

3. 结合以售价核算的库存商品入账基础的测试，检查商品进销差价的发生额是否正确。

4. 抽查若干月发出商品汇总表，检查商品进销差价的分配是否正确，并注意分配方法前后期是否一致。

5. 检查库存商品发生盈余或损失时商品进销差价及增值税进项税额的会计处理方法是否正确。

6. 检查被审计单位是否在年度终了时对商品进销差价进行一次核实调整。

7. 根据评估的舞弊风险等因素增加的审计程序。

（七）委托加工物资

1. 获取或编制委托加工物资明细表，复核加计是否正确，并与总账数、明细账合计数核对是否相符。

2. 抽查若干份委托加工业务合同，检查有关发料凭证、加工费、运费结算凭证，关注所有权归属，核对成本计算是否正确，会计处理是否正确。

3. 抽查加工完成物资的验收入库手续是否齐全，会计处理是否正确。

4. 编制本期委托加工物资发出汇总表，与相关科目勾稽核对，并复核若干月委托加工物资发出汇总表的正确性。

5. 审核有无长期挂账的委托加工物资事项，如有，查明原因，必要时作出调整。

6. 查阅资产负债表日前后若干天委托加工物资增减变动的有关账簿记录及有关的合同、

协议和凭证、出库单、入库单、货运单、验收单等资料，检查有无跨期现象，如有，则应作出记录，必要时作出调整。

7. 根据评估的舞弊风险等因素增加的审计程序。

（八）周转材料（低值易耗品/包装物）

1. 获取或编制周转材料（低值易耗品、包装物）明细表，复核加计是否正确，并与总账数、明细账合计数核对是否相符；同时抽查明细账与仓库台账、卡片记录检查是否相符。

2. 检查周转材料（低值易耗品、包装物）入库和领用的手续是否齐全，会计处理是否正确。

3. 检查周转材料的转销或摊销方法是否符合企业会计准则的规定，前后期是否一致（例如：包装物和低值易耗品，应当采用一次转销法或者五五摊销法进行摊销；钢模板、木模板、脚手架和其他周转材料等，可以采用一次转销法、五五摊销法或者分次摊销法进行摊销）。

4. 检查周转材料（低值易耗品、包装物）与固定资产的划分是否符合规定。

5. 选取代表性样本，抽查周转材料（低值易耗品、包装物）明细账的数量与盘点记录的周转材料（低值易耗品、包装物）数量是否一致，以确定周转材料（低值易耗品、包装物）明细账中数量的准确性和完整性：

（1）从周转材料（低值易耗品、包装物）明细账中选取具有代表性的样本，与盘点报告（记录）的数量核对；

（2）从盘点报告（记录）中抽取有代表性的样本，与周转材料（低值易耗品、包装物）明细账的数量核对。

6. 截止测试：

（1）周转材料（低值易耗品、包装物）入库的截止测试：

①在周转材料（低值易耗品、包装物）明细账的借方发生额中选取资产负债表日前后若干张、一定金额以上的凭证，并与入库记录（如入库单，或购货发票，或运输单据）核对，以确定周转材料（低值易耗品、包装物）入库被记录在正确的会计期间；

②在入库记录（如入库单，或购货发票，或运输单据）中选取有资产负债表日前后若干张、一定金额以上的凭证，与周转材料（低值易耗品、包装物）明细账的借方发生额进行核对，以确定周转材料（低值易耗品、包装物）入库被记录在正确的会计期间。

（2）周转材料（低值易耗品、包装物）出库截止测试：

①在周转材料（低值易耗品、包装物）明细账的贷方发生额中选取有资产负债表日前后若干张、一定金额以上的证据，并与出库记录（如出库单，或销货发票，或运输单据）核对，以确定周转材料（低值易耗品、包装物）出库被记录在正确的会计期间；

②在出库记录（如出库单，或销货发票，或运输单据）中选取资产负债表日前后若干张、一定金额以上的凭据，与周转材料（低值易耗品、包装物）明细账的贷方发生额进行核对，以确定周转材料（低值易耗品、包装物）出库被记录在正确的会计期间。

7. 检查周转材料的计价方法是否正确，前后期是否一致。自周转材料明细表中选取适量品种：

（1）以实际成本计价时，将其单位成本与购货发票核对；

（2）以计划成本计价时，将其单位成本与被审计单位制定的计划成本核对，同时关注被审计单位计划成本制定的合理性。

(3)检查进口周转材料(低值易耗品、包装物)的外币折算是否正确，检查相关的关税、增值税及消费税的会计处理是否正确；

(4)检查周转材料(低值易耗品、包装物)的摊销方法是否正确，前后期是否一致，验证发出周转材料(低值易耗品、包装物)汇总表的正确性。

(5)结合周转材料(低值易耗品、包装物)的盘点，检查期末有无料到单未到情况，如有，应查明是否已暂估入账，其暂估价是否合理。

8. 检查与关联方的购销交易是否正常，关注交易价格、交易金额的真实性与合理性，检查对合并范围内购货记录应予合并抵消的金额是否抵消。

9. 检查出租、出借周转材料的会计处理是否正确。

10. 询问被审计单位是否存在周转材料押金，若有，结合相关科目的审计查明周转材料押金的收取情况是否合理，有无合同，是否存在逾期周转材料押金，相应税费处理是否正确，必要时作出调整。

11. 审核有无长期挂账周转材料(低值易耗品、包装物)事项，如有，查明原因，必要时作出调整。

12. 结合银行借款等科目，了解是否有用于债务担保的周转材料，如有，则应取证并作相应的记录，同时提请被审计单位作恰当披露。

13. 根据评估的舞弊风险等因素增加的审计程序。

(九)生产成本(在产品)

1. 获取或编制生产成本明细表，复核加计是否正确，并与总账数、明细账合计数核对是否相符。

2. 实质性分析程序：

(1)针对已识别需要运用分析程序的有关项目，审计人员基于对被审计单位及其环境的了解，通过进行以下比较，并考虑有关数据间关系的影响，以建立审计人员有关数据的期望值：

①对生产成本进行分析性复核，检查各月及前后期同一产品的单位成本是否有异常波动，注意是否存在调节成本现象；

②分别比较前后各期及本年度各个月份的生产成本项目，以确定成本项目是否有异常变动以及是否存在调节成本的现象；

③比较当年及以前年度直接材料、直接人工、制造费用占生产成本的比例，并查明异常情况的原因；

④核对下列相互独立部门的数据，并查明异常情况的原因：仓库记录的材料领用量与生产部门记录的材料领用量；工资部门记录的人工成本与生产部门记录的工时和工资标准之积。

(2)确定可接受的差异额。

(3)将实际的情况与期望值相比较，识别需要进一步调查的差异。

(4)如果其差额超过可接受的差异额，调查并获取充分的解释和恰当的佐证审计证据(例如：通过检查相关的凭证)。

(5)评估分析程序的测试结果。

3. 生产成本计价方法的测试：

(1)了解被审计单位的生产工艺流程和成本核算方法，检查成本核算方法与生产工艺流程是否匹配，前后期是否一致并作出记录。

(2)抽查成本计算单，检查直接材料、直接人工及制造费用的计算和分配是否正确，并与有关佐证文件(如领料记录、生产工时记录、材料费用分配汇总表、人工费用分配汇总表等)相核对：

①获取生产成本明细汇总表并复核其正确性，将直接材料与材料耗用汇总表、直接人工与职工薪酬分配表、制造费用总额与制造费用明细表及相关账项的明细表核对，并作交叉索引；

②检查车间在产品盘存资料，与成本核算资料核对；检查车间月末余料是否办理假退料手续；

③获取直接材料、直接人工和制造费用的分配标准和计算方法，评价其是否合理和适当，以确认在产品中所含直接材料、直接人工和制造费用是合理的。

(3)获取完工产品与在产品的生产成本分配标准和计算方法，检查生产成本在完工产品与在产品之间，以及完工产品之间的分配是否正确，分配标准和方法是否适当，与前期比较是否存在重大变化，该变化是否合理。

(4)对采用标准成本或定额成本核算的，检查标准成本或定额成本在本期有无重大变动，分析其是否合理；检查本期材料成本差异的计算、分配和会计处理是否正确，库存商品期末余额是否已按实际成本进行调整。

4. 获取关于现有设备生产能力的资料，检查产量是否与现有生产能力相匹配；若产量超过设计生产能力，应提请被审计单位说明原因，并提供足够的依据及技术资料。

5. 检查废品损失和停工损失的核算是否符合有关规定。

6. 对应计入生产成本的借款费用，结合对长短期借款、应付债券或长期应付款的审计，检查借款费用(借款利息、折溢价摊销、汇兑差额、辅助费用)资本化的计算方法和资本化金额以及会计处理是否正确。

7. 根据评估的舞弊风险等因素增加的审计程序。

(十)制造费用

1. 获取或编制制造费用明细表，复核加计是否正确，并与总账数、明细账合计数核对是否相符。

2. 对制造费用进行分析比较：

(1)比较当年和以前年度，以及当年各月制造费用的增减变动，询问并分析异常波动的原因。

(2)分别比较前后各期及本年度各个月份的制造费用项目，以确定成本项目是否有异常变动，以及是否存在调节成本的现象。

3. 将制造费用明细表中的材料发生额与材料耗用汇总表、人工费用发生额与职工薪酬分配表、折旧发生额与折旧分配表、资产摊销发生额与各项资产摊销分配表及相关账项明细表核对一致，并作交叉索引。

4. 选择重要或异常的制造费用项目，检查其原始凭证是否齐全，会计处理是否正确。

5. 分析各项制造费用的性质，结合生产成本科目的审计，抽查成本计算单，检查制造费用的分配是否合理、正确，检查制造费用的分配方法前后期是否一致。

6. 对采用标准成本核算的，应抽查标准制造费用及分配率的确定是否合理，计入成本计算单的数额是否正确，制造费用差异的计算、分配和会计处理是否正确，并检查标准成本在本期有无重大变动，变动是否合理。

7. 检查计入生产成本的制造费用是否已扣除非正常消耗的制造费用（如非正常的低生产量、闲置设备等产生的费用）。

8. 检查制造费用中有无资本性支出，必要时作出调整。

9. 必要时，对制造费用实施截止测试，检查资产负债表日前后若干天内若干张、一定金额以上的制造费用明细账和凭证，确定有无跨期现象。

10. 检查季节性停工损失的核算是否符合有关规定。

11. 根据评估的舞弊风险等因素增加的审计程序。

（十一）劳务成本

1. 获取或编制劳务成本明细表，复核加计是否正确，并与总账数、明细账合计数核对是否相符。

2. 对劳务成本进行分析比较：

①比较当年和以前年度，以及当年各月劳务成本的增减变动，询问并分析异常波动的原因；

②分别比较前后各期及本年度各个月份的劳务成本项目，以确定成本项目是否有异常变动以及是否存在调节成本的现象。

3. 检查部分劳务合同，核对实际发生的劳务项目、金额、进度与合同内容是否一致。

4. 将劳务成本明细表中的材料发生额与材料耗用汇总表、人工费用发生额与职工薪酬分配表、折旧发生额与折旧分配表、资产摊销发生额与各项资产摊销分配表及相关账项明细表核对一致，并作交叉索引。

5. 选择重要或异常的劳务成本项目，检查其原始凭证是否合法，会计处理是否正确。

6. 抽查成本计算单，检查劳务成本的计算和分配是否合理、正确。

7. 检查劳务成本中有无资本性支出。

8. 必要时，对劳务成本实施截止测试，检查资产负债表日前后若干天内若干张、一定金额以上的劳务成本明细账和凭证，确定有无跨期现象。

9. 检查劳务成本的结转是否与对应的劳务收入相互配比，是否合理。

10. 根据评估的舞弊风险等因素增加的审计程序。

（十二）存货监盘

编制存货监盘报告，对存货进行监盘。详见存货监盘程序（ZI5）。

（十三）存货跌价准备

1. 获取或编制存货跌价准备明细表，复核加计是否正确，并与总账数、明细账合计数核对是否相符。

2. 检查分析存货是否存在减值迹象，以判断被审计单位计提存货跌价准备的合理性：

（1）将存货余额与现有的订单、资产负债表日后各期的销售额和下一年度的预测销售额进行比较，以评估存货滞销和跌价的可能性；

(2)比较当年及以前年度存货跌价准备占存货余额的比例，并查明异常情况的原因；

(3)结合存货监盘，对存货的外观形态进行检视，以了解其物理形态是否正常；检查期末结存库存商品和在产品针对型号陈旧、产量下降、生产成本或售价波动、技术或市场需求的变化情形以及期后销售情况，考虑是否需进一步计提准备：

①对于残次、冷背、呆滞的存货查看永续盘存记录、销售分析等资料，分析当年实际使用情况，确定是否已合理计提跌价准备；

②将上年度残次、冷背、呆滞存货清单与当年存货清单进行比较，确定是否需补提跌价准备。

3. 检查计提存货跌价准备的依据、方法是否前后一致。

4. 根据成本与可变现净值孰低的计价方法，评价存货跌价准备所依据的资料、假设及计提方法，考虑是否有确凿证据为基础计算确定存货的可变现净值，检查其合理性。

5. 考虑不同存货的可变现净值的确定原则，复核其可变现净值计算正确性(即充足但不过度)：

(1)对于用于生产而持有的原材料，检查是否以所生产的产成品的估计售价减去至完工时估计将要发生的成本、估计的销售费用和相关税费后的金额作为其可变现净值的确定基础；

(2)库存商品和用于出售而持有的原材料等直接用于出售的存货，检查是否以该存货的估计售价减去估计的销售费用和相关税费后的金额作为其可变现净值的确定基础；

(3)检查为执行销售合同而持有的库存商品等存货，是否以合同价格作为其可变现净值的确定基础；如果被审计单位持有库存商品的数量多于销售合同订购数量，超出部分的库存商品可变现净值是否以一般销售价格为计量基础。

6. 抽查计提存货跌价准备的项目，其期后售价是否低于原始成本。

7. 检查存货跌价准备的计算和会计处理是否正确，本期计提或转销是否与有关损益科目金额核对一致。

8. 对从合并范围内部购入存货计提的跌价准备，关注其在合并时是否已作抵消。

9. 检查债务重组、非货币性资产交换和企业合并等涉及存货跌价准备的会计处理是否正确。

10. 根据评估的舞弊风险等因素增加的审计程序。

(十四)存货的列报

检查存货是否已按照企业会计准则的规定在财务报表中作出恰当列报：

1. 各类存货的期初和期末账面价值；

2. 确定发出存货成本所采用的方法；

3. 存货可变现净值的确定依据，存货跌价准备的计提方法，当期计提的存货跌价准备的金额，当期转回的存货跌价准备的金额，以及计提和转回的有关情况；

4. 用于担保的存货账面价值。

二、主要审计工作底稿

存货的监盘已包含在实训单元三第二个实训中，本处不再赘述。

表 4－24

存货跌价准备测试表

被审计单位：
项目：存货跌价准备测试表
编制：
日期：

索引号：ZI8
财务报表截止日/期间：
复核：
日期：

序号	存货明细项目	期末余额	期末可变现净值	期末应计提跌价准备	期末已计提跌价准备	本期应补提跌价准备
合计						

审计说明：

表 4－25

生产成本检查表

被审计单位：
项目：生产成本检查表
编制：
日期：

索引号：ZI10
财务报表截止日/期间：
复核：
日期：

月　份	投产数量（　　）	成　本　项　目				完工转出（成本结转方法：　　）		
		直接材料	直接人工	制造费用	合计	数量	总成本	余额
期初余额								
1 月								
2 月								
3 月								
4 月								
5 月								
6 月								
7 月								
8 月								
9 月								
10 月								
11 月								
12 月								
1～12 月合计								
期末余额								
上年发生额								
增减比例								

审计说明：

表 4－26

直接材料成本情况检查表

被审计单位：　　　　　　　　　　　　　　　索引号：ZI10－1
项目：直接材料成本情况检查表　　　　　　　财务报表截止日/期间：
编制：　　　　　　　　　　　　　　　　　　复核：
日期：　　　　　　　　　　　　　　　　　　日期：

月份	产品名称及规格	金额	检查内容（用“√”、“×”表示）								附件描述
			1	2	3	4	5	6	7	8	

检查内容说明：

1. 材料耗用量与材料领料单汇总核对是否相符；
2. 材料分配汇总表中该产品分配的直接材料成本与材料耗用量核对是否相符；
3. 材料成本在不同产品间的分配标准与计算方法是否合理和适当；
4. 材料成本在某产品完工产品和在产品中的分配标准和计算方法是否合理和适当；
5. 采用标准成本或定额成本的标准材料成本或定额材料成本的确定是否合理，材料成本差异的计算和分配是否正确；
6. 直接材料的定额成本、标准成本本期有无变化；
7. ……

审计说明：

表 4－27

直接人工成本情况检查表

被审计单位： 项目：直接人工成本情况检查表 编制： 日期：	索引号：ZI10－2 财务报表截止日/期间： 复核： 日期：

月份	产品名称及规格	金额	检查内容(用"√"、"×"表示)								附件描述
			1	2	3	4	5	6	7	8	

检查内容说明：

1. 直接人工汇总表与应付职工薪酬、人事部门工时记录等核对是否相符；
2. 直接人工汇总表中的人工成本是否包括"五险一金"(养老、医疗、失业、工伤、生育险及住房公积金)及"两费"(工会经费及职工教育经费)；
3. 直接人工成本分配表与直接人工成本汇总表核对是否相符；
4. 直接人工成本在不同产品间的分配标准与计算方法是否合理和适当；
5. 直接人工成本在某产品完工产品和在产品中的分配标准和计算方法是否合理和适当；
6. 采用标准成本或定额成本的标准人工成本或定额人工成本的确定是否合理，直接人工成本差异的计算和分配是否正确；
7. 直接人工标准成本或定额成本本年度有无重大变化；
8. ……

审计说明：

表 4-28

制造费用明细表

被审计单位：
项目：制造费用明细表
编制：
日期：

索引号：ZI10-3
财务报表截止日/期间：
复核：
日期：

月份	制造费用明细项目										
	合计										
1月											
2月											
3月											
4月											
5月											
6月											
7月											
8月											
9月											
10月											
11月											
12月											
合　计											
上期数											
变动额											
变动比例											

审计说明：

表 4 – 29

制造费用情况检查表

被审计单位：
项目：制造费用情况检查表
编制：
日期：

索引号：ZI10 – 4
财务报表截止日/期间：
复核：
日期：

月份	产品名称及规格	金额	检查内容(用"√"、"×"表示)								附件描述
			1	2	3	4	5	6	7	8	

检查内容说明：

1. 核算制造费用的内容及范围是否正确；
2. 制造费用汇总表与相关费用项目(如折旧费用)等核对是否相符；
3. 制造费用在不同产品间的分配标准与计算方法是否合理和适当；
4. 制造费用在某产品完工产品和在产品中的分配标准和计算方法是否合理和适当；
5. 采用标准成本法的标准制造费用的确定是否合理，制造费用差异的计算和分配是否正确；
6. 标准制造费用本年度有无重大变化；
7. 是否存在异常会计事项；
8. ……

审计说明：

实训十二　研发支出审计

一、主要审计程序

1. 获取或编制研发支出明细表，复核加计是否正确，与研发支出总账数和明细账合计数核对是否相符，并将所属的“资本化支出”明细账期末余额与报表数核对是否相符。

2. 检查研发支出的增加：

(1)获取有关协议和董事会纪要等文件、资料，检查开发支出的性质、构成内容、计价依据，检查其是否归被审计单位拥有或控制；

(2)索取相关会议纪要、无形资产研究开发的可行性研究报告等相关资料，确定研究开发项目处于研究阶段还是开发阶段，不同阶段的资本化和费用化处理是否正确，会计处理是否正确；

(3)检查研发费用明细表，抽查若干月份支出中的职工薪酬、折旧等费用，并与相关科目核对是否相符。

3. 检查研发支出的减少：

(1)检查研发费用明细表，结合管理费用科目的审计，检查费用化支出的结转处理是否正确；

(2)审查已经在用或已经达到预定用途的研究开发项目是否已结转至相关资产项目。

4. 对研发支出实施截止测试，检查资产负债表日前后若干天内开发支出明细账和凭证，确定有无跨期现象。

5. 根据评估的舞弊风险等因素增加的审计程序。

6. 检查开发支出是否已按照企业会计准则的规定在财务报表中作出恰当列报。

二、主要审计工作底稿

研发支出的工作底稿采用一般通用工作底稿。

实训十三　负债类账户审计

负债类账户审计存在很多共性，如审计目标与认定对应关系可以归纳为：

审　计　目　标	财务报表认定				
	存在	完整性	权利和义务	计价和分摊	列报
A. 资产负债表中记录的某负债是存在的。	√				
B. 所有应当记录的某负债均已记录。		√			
C. 记录的某负债是被审计单位应当履行的现时义务。			√		
D. 某负债以恰当的金额包括在财务报表中，与之相关的计价调整已恰当记录。				√	
E. 某负债已按照企业会计准则的规定在财务报表中作出恰当列报。					√

一、主要审计程序

（一）短期借款的审计程序

1. 获取或编制短期借款明细表：

（1）复核加计正确，并与报表数、总账数和明细账合计数核对是否相符；

（2）检查非记账本位币短期借款的折算汇率及折算金额是否正确，折算方法是否前后期一致。

2. 检查被审计单位贷款卡，核实账面记录是否完整：

对被审计单位贷款卡上列示的信息与账面记录核对的差异进行分析，并关注贷款卡中列示的被审计单位对外担保的信息。

3. 对短期借款进行函证。

4. 检查短期借款的增加：对年度内增加的短期借款，检查借款合同，了解借款数额、借款用途、借款条件、借款日期、还款期限、借款利率，并与相关会计记录相核对。

5. 检查短期借款的减少：对年度内减少的短期借款，应检查相关记录和原始凭证，核实还款数额，并与相关会计记录相核对。

6. 复核短期借款利息：根据短期借款的利率和期限，检查被审计单位短期借款的利息计算是否正确；如有未计利息和多计利息，应做出记录，必要时提请进行调整。

7. 检查被审计单位用于短期借款的抵押资产的所有权是否属于企业，其价值和实际状况是否与契约中的规定相一致。

8. 检查被审计单位与贷款人之间所发生的债务重组。检查债务重组协议，确定其真实性、合法性，并检查债务重组的会计处理是否正确。

9. 根据评估的舞弊风险等因素增加的其他审计程序。

10. 检查短期借款是否已按照企业会计准则的规定在财务报表中作出恰当的列报：

（1）检查被审计单位短期借款是否按信用借款、抵押借款、质押借款、保证借款分别披露；

(2)检查期末逾期借款是否按贷款单位、借款金额、逾期时间、年利率、逾期未偿还原因和预期还款期等进行披露。

(二)交易性金融负债审计程序(可供选择的审计程序)

1. 获取或编制交易性金融负债明细表：

(1)复核加计是否正确，并与报表数、总账数和明细账合计数核对相符。

(2)检查金融负债的分类是否正确，依据是否充分。检查交易性金融负债核算是否包括交易性金融负债、被审计单位持有的直接指定为以公允价值计量且其变动计入当期损益的金融负债；交易性金融负债是否符合以公允价值计量且其公允价值变动计入当期损益的金融负债的确认条件，对直接指定为以公允价值计量且其变动计入当期损益的金融负债，应关注其指定条件是否符合规定。

2. 根据相关交易资料，检查交易性金融负债的真实性和完整性。

3. 检查交易性金融负债的初始确认是否正确。检查被审计单位承担的交易性金融负债初始确认是否按照公允价值计量，相关交易费用是否直接计入当期损益。

4. 检查交易性金融负债在资产负债表日的计量是否正确：

(1)检查在资产负债表日，交易性金融负债是否按票面利率计算利息(限于分期付息的交易性金融负债)，检查会计处理是否正确；

(2)检查交易性金融负债在资产负债表日公允价值的确定是否合理，取得有关交易性金融负债的收盘价，并与之核对；

(3)检查资产负债表日是否按公允价值对交易性金融负债进行计量，公允价值变动形成的利得或损失是否计入当期损益，特别关注是否存在利用公允价值调节利润的情况。

5. 检查处置交易性金融负债的原始凭证，核实其内容、金额和会计处理是否正确。

6. 对交易性金融负债进行函证。

7. 根据评估的舞弊风险等因素增加的其他审计程序。

8. 检查交易性金融负债是否已按照企业会计准则在财务报表中作出恰当的列报。

(三)应付款项审计程序

1. 获取或编制应付款项明细表：

(1)复核加计正确，并与报表数、总账数和明细账合计数核对是否相符；

(2)检查非记账本位币应付款项的折算汇率及折算是否正确；

(3)分析出现借方余额的项目，查明原因，必要时，作重分类调整；

(4)结合预付账款等往来项目的明细余额，调查有无同挂的项目、异常余额或与购货无关的其他款项(如关联方账户或雇员账户)，如有，应做出记录，必要时作出调整。

2. 获取被审计单位与其供应商之间的对账单(应从非财务部门，如采购部门获取)，并将对账单和被审计单位财务记录之间的差异进行调节(如在途款项、在途货物、付款折扣、未记录的负债等)，查找有无未入账的应付款项，确定应付款项金额的准确性。

3. 检查债务形成的相关原始凭证，如供应商发票、验收报告或入库单等，查找有无未及时入账的应付款项，确定应付款项金额的准确性。

4. 检查应付款项长期挂账的原因并作出记录，注意其是否可能无需支付；对确实无需支付的应付款的会计处理是否正确，依据是否充分；关注账龄超过3年的大额应付款项在资产负债表日后是否偿还，检查偿还记录及单据，并披露。

5. 针对资产负债表日后付款项目，检查银行对账单及有关付款凭证（如银行划款通知、供应商收据等），询问被审计单位内部或外部的知情人员，查找有无未及时入账的应付款项。

6. 复核截止审计现场工作日的全部未处理的供应商发票，并询问是否存在其他未处理的供应商发票，确认所有的负债都记录在正确的会计期间内。

7. 选择应付款项的重要项目（包括零账户）函证其余额和交易条款，对未回函的再次发函或实施替代的检查程序（检查原始凭单，如合同、发票、验收单，核实应付款项的真实性）。

8. 针对已偿付的应付款项，追查至银行对账单、银行付款单据和其他原始凭证，检查其是否在资产负债表日前真实偿付。

9. 检查资产负债表日后应付款项明细账贷方发生额的相应凭证，关注其购货发票的日期，确认其入账时间是否合理。

10. 结合存货监盘程序，检查被审计单位在资产负债日前后的存货入库资料（验收报告或入库单），检查是否有大额料到单未到的情况，确认相关负债是否计入了正确的会计期间。

11. 针对异常或大额交易及重大调整事项（如大额的购货折扣或退回，会计处理异常的交易，未经授权的交易，或缺乏支持性凭证的交易等），检查相关原始凭证和会计记录，以分析交易的真实性、合理性。

12. 检查带有现金折扣的应付款项是否按发票上记载的全部应付金额入账，在实际获得现金折扣时再冲减财务费用。

13. 被审计单位与债权人进行债务重组的，检查不同债务重组方式下的会计处理是否正确。

14. 检查应付关联款项的真实性、完整性。

15. 根据评估的舞弊风险等因素增加的审计程序。

16. 检查应付款项是否已按照企业会计准则的规定在财务报表中作出恰当列报。

（四）应付职工薪酬审计程序

1. 获取或编制应付职工薪酬明细表，复核加计是否正确，并与报表数、总账数和明细账合计数核对是否相符。

2. 实质性分析程序：

（1）针对已识别需要运用分析程序的有关项目，并基于对被审计单位及其环境的了解，通过进行以下比较，同时考虑有关数据间关系的影响，建立有关数据的期望值：

①比较被审计单位员工人数的变动情况，检查被审计单位各部门各月工资费用的发生额是否有异常波动，若有，则查明波动原因是否合理。

②比较本期与上期工资费用总额，要求被审计单位解释其增减变动原因，或取得公司管理当局关于员工工资标准的决议。

③结合员工社保缴纳情况，明确被审计单位员工范围，检查是否与关联公司员工工资混淆列支。

④核对下列相互独立部门的相关数据：工资部门记录的工资支出与出纳记录的工资支付数；工资部门记录的工时与生产部门记录的工时。

⑤比较本期应付职工薪酬余额与上期应付职工薪酬余额，是否有异常变动。

（2）确定可接受的差异额。

（3）将实际情况与期望值相比较，识别需要进一步调查的差异。

（4）如果其差额超过可接受的差异额，调查并获取充分的解释和恰当的佐证审计证据

(如通过检查相关的凭证)。

(5)评估分析程序的测试结果。

3. 检查工资、奖金、津贴和补贴:

(1)计提是否正确，依据是否充分，将执行的工资标准与有关规定核对，并对工资总额进行测试；被审计单位如果实行工效挂钩的，应取得有关主管部门确认的效益工资发放额认定证明，结合有关合同文件和实际完成的指标，检查其计提额是否正确，是否应作纳税调整。

(2)检查分配方法与上年是否一致，除因解除与职工的劳动关系给予的补偿直接计入管理费用外，被审计单位是否根据职工提供服务的受益对象，分下列情况进行处理。

①应由生产产品、提供劳务负担的职工薪酬，计入产品成本或劳务成本；

②应由在建工程、无形资产负担的职工薪酬，计入建造固定资产或无形资产；

③作为外商投资企业，按规定从净利润中提取的职工奖励及福利基金，相应计入“利润分配——提取的职工奖励及福利基金”科目；

④其他职工薪酬，计入当期损益。

(3)检查发放金额是否正确，代扣的款项及其金额是否正确。

(4)检查是否存在属于拖欠性质的职工薪酬，并了解拖欠的原因。

4. 检查社会保险费(包括医疗、养老、失业、工伤、生育等保险费)、住房公积金、工会经费和职工教育经费等计提(分配)和支付(或使用)的会计处理是否正确，依据是否充分。

5. 检查辞退福利下列项目:

(1)对于职工没有选择权的辞退计划，检查按辞退职工数量、辞退补偿标准计提辞退福利负债金额是否正确；

(2)对于自愿接受裁减的建议，检查按接受裁减建议的预计职工数量、辞退补偿标准(该标准确定)等计提辞退福利负债金额是否正确；

(3)检查实质性辞退工作在一年内完成，但付款时间超过一年的辞退福利，是否按折现后的金额计量，折现率的选择是否合理；

(4)检查计提辞退福利负债的会计处理是否正确，是否将计提金额计入当期管理费用；

(5)检查辞退福利支付凭证是否真实正确。

6. 检查非货币性福利:

(1)检查以自产产品发放给职工的非货币性福利，检查是否根据受益对象，按照该产品的公允价值，计入相关资产成本或当期损益，同时确认应付职工薪酬；对于难以认定受益对象的非货币性福利，是否直接计入当期损益和应付职工薪酬。

(2)检查无偿向职工提供住房的非货币性福利，是否根据受益对象，将该住房每期应计提的折旧计入相关资产成本或当期损益，同时确认应付职工薪酬。对于难以认定受益对象的非货币性福利，是否直接计入当期损益和应付职工薪酬；

(3)检查租赁住房等资产供职工无偿使用的非货币性福利，是否根据受益对象，将每期应付的租金计入相关资产成本或当期损益，并确认应付职工薪酬。对于难以认定受益对象的非货币性福利，是否直接计入当期损益和应付职工薪酬。

7. 检查以现金与职工结算的股份支付:

(1)检查授予后立即可行权的以现金结算的股份支付，是否在授予日以承担负债的公允价值计入相关成本或费用。

(2)检查完成等待期内的服务或达到规定业绩条件以后才可行权的以现金结算的股份支

付，在等待期内的每个资产负债表日，是否以可行权情况的最佳估计为基础，按照承担负债的公允价值金额，将当期取得的服务计入成本或费用。在资产负债表日，后续信息表明当期承担债务的公允价值与以前估计不同的，是否进行调整，并在可行权日调整至实际可行权水平。

（3）检查可行权日之后，以现金结算的股份支付当期公允价值的变动金额，是否借记或贷记“公允价值变动损益”。

（4）检查在可行权日实际以现金结算的股份支付金额是否正确，会计处理是否恰当。

8. 检查应付职工薪酬的期后付款情况，并关注在资产负债表日至财务报表批准报出日之间，是否有确凿证据表明需要调整资产负债表日原确认的应付职工薪酬事项。

9. 根据评估的舞弊风险等因素增加的其他审计程序。

10. 检查应付职工薪酬是否已按照企业会计准则的规定在财务报表中作出恰当的列报：

（1）检查是否在附注中披露与职工薪酬有关的下列信息：

①应当支付给职工的工资、奖金、津贴和补贴，及其期末应付未付金额；

②应当为职工缴纳的医疗、养老、失业、工伤和生育等社会保险费，及其期末应付未付金额；

③应当为职工缴存的住房公积金，及其期末应付未付金额；

④为职工提供的非货币性福利，及其计算依据；

⑤应当支付的因解除劳动关系给予的补偿，及其期末应付未付金额；

⑥其他职工薪酬。

（2）检查因自愿接受裁减建议的职工数量、补偿标准等不确定而产生的预计负债（应付职工薪酬），是否按照《企业会计准则第 13 号——或有事项》进行披露。

（五）应交税费审计程序

1. 获取或编制应交税费明细表：

（1）复核加计是否正确，并与报表数、总账数和明细账合计数核对是否相符；

（2）注意印花税、耕地占用税以及其他不需要预计应缴数的税金有无误入应交税费项目；

（3）分析存在借方余额的项目，查明原因，判断是否由被审计单位预缴税款引起。

2. 首次接受委托时，取得被审计单位的纳税鉴定、纳税通知、减免税批准文件等，了解被审计单位适用的税种、附加税费、计税（费）基础、税（费）率，以及征、免、减税（费）的范围与期限。如果被审计单位适用特定的税基式优惠或税额式优惠，或减低适用税率，且该项税收优惠需办理规定的审批或备案手续的，应检查相关的手续是否完整、有效。连续接受委托时，关注其变化情况。

3. 核对期初未交税金与税务机关受理的纳税申报资料是否一致，检查缓期纳税及延期纳税事项是否经过有权税务机关批准。

4. 取得税务部门汇算清缴或其他确认文件、有关政府部门的专项检查报告、税务代理机构专业报告、被审计单位纳税申报资料等，分析其有效性，并与上述明细表及账面数据进行核对。对于超过法定交纳期限的税费，应取得主管税务机关的批准文件。

5. 检查应交增值税：

（1）获取或编制应交增值税明细表，加计复核其正确性，并与明细账核对相符。

（2）将应交增值税明细表与被审计单位增值税纳税申报表进行核对，比较两者是否总体相符，并分析其差额的原因。

(3)通过“原材料”等相关科目匡算进项税额是否合理。

(4)抽查一定期间的进项税抵扣汇总表，与应交增值税明细表相关数额合计数核对，如有差异，查明原因并作适当处理。

(5)抽查重要进项税发票、海关完税凭证、收购凭证或运费发票，与网上申报系统进行核对，并注意进口货物、购进免税农产品或废旧物资、支付运费、接受投资或捐赠、接受应税劳务等应计的进项税额是否按规定进行了会计处理；因存货改变用途或发生非常损失应计的进项税额转出数的计算是否正确，是否按规定进行了会计处理。

(6)根据与增值税销项税额相关账户审定的有关数据，复核存货销售，或将存货用于投资、无偿馈赠他人、分配给股东(或投资者)，以及将自产、委托加工的产品用于非应税项目的计税依据确定是否正确，应计的销项税额是否正确计算，是否按规定进行会计处理。

(7)检查适用税率是否符合税法规定。

(8)取得《出口货物退(免)税申报表》及办理出口退税有关凭证，复核出口货物退税的计算是否正确，是否按规定进行了会计处理。

(9)对经主管税务机关批准实行核定征收率征收增值税的被审计单位，应检查其是否按照有关规定正确执行。如果申报增值税金额小于核定征收率计算的增值税金额，应注意超过申报额部分的会计处理是否正确。

(10)抽查本期已交增值税资料，确定已交税款的正确性。

6. 检查应交营业税的计算是否正确。结合营业税金及附加等项目的审计，根据审定的当期营业额，检查营业税的计税依据是否正确，适用税率是否符合税法规定，是否按规定进行了会计处理，并分项复核本期应交税款；抽查本期已交营业税资料，确定已交税款的正确性。

7. 检查应交消费税的计算是否正确。结合营业税金及附加等项目，根据审定的应税消费品销售额(或数量)，检查消费税的计税依据是否正确，适用税率(或单位税额)是否符合税法规定，是否按规定进行了会计处理，并分项复核本期应交消费税税额；抽查本期已交消费税资料，确定已交税款的正确性。

8. 检查应交资源税的计算是否正确，是否按规定进行了会计处理。

9. 检查应交土地增值税的计算是否正确，是否按规定进行了会计处理：

(1)根据审定的预售房地产的预收账款，复核预交税款是否准确。

(2)对符合项目清算条件的房地产开发项目，检查被审计单位是否按规定进行土地增值税清算；如果被审计单位已聘请中介机构办理土地增值税清算鉴证的，应检查、核对相关鉴证报告。

(3)如果被审计单位被主管税务机关核定征收土地增值税的，应检查、核对相关的手续。

10. 检查应交城市维护建设税的计算是否正确。结合营业税金及附加等项目的审计，根据审定的计税基础和按规定适用的税率，复核被审计单位本期应交城市维护建设税的计算是否正确，是否按规定进行了会计处理；抽查本期已交城市维护建设税资料，确定已交税款的正确性。

11. 检查应交车船使用税和房产税的计算是否正确。获取被审计单位自有车船数量、吨位(或座位)及自有房屋建筑面积、用途、造价(购入原价)、购建年月等资料，并与固定资产(含融资租入固定资产)明细账复核一致；了解其使用、停用时间及其原因等情况；通过审核本期完税单，检查其是否如实申报和按期缴纳，是否按规定进行了会计处理。

12. 检查应交土地使用税的计算是否正确，是否按规定进行了会计处理。

13. 获取或编制应交所得税测算表，结合所得税项目，确定应纳税所得额及企业所得税税率，复核应交企业所得税的计算是否正确，是否按规定进行了会计处理；抽查本期已交所得税资料，确定已交税款的正确性。汇总纳税企业所得税汇算清缴，并按税法规定追加相应的程序。

14. 检查教育费附加、矿产资源补偿费等的计算是否正确，是否按规定进行了会计处理。

15. 检查除上述税项外的其他税项及代扣税项的计算是否正确，是否按规定进行了会计处理。

16. 检查被审计单位获得税费减免或返还时的依据是否充分、合法和有效，会计处理是否正确。

17. 抽查若干笔应交税费相关的凭证，检查是否有合法依据，会计处理是否正确。

18. 根据评估的舞弊风险等因素增加的审计程序。

19. 确定应交税费是否已按照企业会计准则的规定在财务报表中作出恰当列报。

（六）应付利息审计程序

1. 获取或编制应付利息明细表：

(1)复核加计是否正确，并与报表数、总账数和明细账合计数核对是否相符；

(2)检查非记账本位币应付利息的折算汇率及折算是否正确。

2. 检查应计利息的计算是否正确：

(1)计算借款、债券等平均利率（票面或合同利率）并同以前年度及市场平均利率相比较；

(2)根据借款、债券等平均余额、平均利率测算当期应付或应计利息，并与账面记录进行比较。

3. 结合分期付息到期还本的长期借款、应付债券的审计，检查应付利息有无漏记。

4. 检查利息支付原始凭证的内容和金额是否正确。

5. 结合分期付息到期还本的长期借款、应付债券的审计，对应付利息进行函证。

6. 根据评估的舞弊风险等因素增加的其他审计程序。

7. 检查应付利息是否已按照企业会计准则的规定在财务报表中恰当列报。

（七）应付股利审计程序

1. 获取或编制应付股利明细表，复核加计是否正确，并与报表数、总账数及明细账合计数核对相符。

2. 审阅公司章程、股东会（或股东大会）和董事会会议纪要中有关股利的规定，了解股利分配标准和发放方式是否符合有关规定并经法定程序批准。

3. 检查应付股利的计提是否根据董事会或股东会（或股东大会）决定的利润分配方案，从税后可供分配利润中计算确定，并复核应付股利计算和会计处理的正确性。

4. 检查股利支付的原始凭证的内容、金额和会计处理是否正确。检查现金股利是否按公告规定的时间、金额予以发放。

5. 向主要股东函证，以确定未付股利的真实性和完整性。

6. 检查董事会或类似机构通过的利润分配方案中拟分配的现金股利或利润，是否按规定未做账务处理，并已在附注中披露。

7. 根据评估的舞弊风险等因素增加的审计程序。

8. 检查应付股利的列报是否恰当：按主要投资者列示欠付的应付股利金额并说明原因。

（八）长期借款审计程序

1. 获取或编制长期借款明细表：

（1）复核加计是否正确，并于总账数和明细账合计数核对是否相符，减去将于一年内偿还的长期借款后与报表数核对是否相符；

（2）检查非记账本位币长期借款的折算汇率及折算是否正确，折算方法是否前后期一致。

2. 检查被审计单位贷款卡，核实账面记录是否完整。对被审计单位贷款卡上列示的信息与账面记录核对的差异进行分析，并关注贷款卡中列示的被审计单位对外担保的信息。

3. 对长期借款进行函证。

4. 检查长期借款的增加。对年度内增加的长期借款，检查借款合同和授权批准，了解借款数额、借款条件、借款用途、借款日期、还款期限、借款利率，并与相关会计记录核对。

5. 检查长期借款的减少。对年度内减少的长期借款，检查相关记录和原始凭证，核实还款数额，并与相关会计记录核对。

6. 复核长期借款利息。根据长期借款的利率和期限，复核被审计单位长期借款的利息计算是否正确。如有未计利息和多计利息，应做出记录，必要时进行调整。

7. 检查借款费用的会计处理是否正确。检查资产负债表日被审计单位是否按摊余成本和实际利率计算确定长期借款的利息费用，并正确计入财务费用、在建工程、制造费用、研发支出等相关账户，是否按合同利率计算应付未付利息计入应付利息科目，是否按其差额计入"长期借款——利息调整"。同时应检查专门借款和一般借款的借款费用资本化的时点和期间、资产范围、目的和用途等是否符合资本化条件。

8. 检查被审计单位抵押长期借款的抵押资产的所有权是否属于被审计单位，其价值和实际状况是否与担保契约中的规定相一致。

9. 检查被审计单位与贷款人进行的债务重组。检查债务重组协议，确定其真实性、合法性，并检查债务重组的会计处理是否正确。

10. 根据评估的舞弊风险等因素增加的其他审计程序。

11. 检查长期借款是否已按照企业会计准则的规定在财务报表中作出恰当的列报：

（1）被审计单位是否按信用借款、抵押借款、质押借款、保证借款分别披露。

（2）对于期末逾期借款，是否分别贷款单位、借款金额、逾期时间、年利率、逾期未偿还原因和预期还款期等进行披露。

（3）被审计单位是否在附注中披露与借款费用有关的下列信息：

①当期资本化的借款费用金额；

②当期用于计算确定借款费用资本化金额的资本化率。

（4）一年内到期的长期借款是否列为一年内到期的非流动负债。

（5）被审计单位在资产负债表日或之前违反了长期借款协议，导致贷款人可随时要求清偿的负债，应当归类为流动负债。

（九）应付债券审计程序

1. 获取或编制应付债券明细表：

（1）复核加计是否正确，并与报表数、总账数和明细账合计数核对是否相符；

（2）检查非记账本位币应付债券的折算汇率及折算是否正确，折算方法是否前后期一致。

2. 检查应付债券的增加：审阅债券发行申请和审批文件，检查发行债券所收入现金的收据、汇款通知单、送款登记簿及相关的银行对账单，核实其会计处理是否正确。

3. 对应付债券向证券承销商或包销商函证。

4. 检查债券利息费用的会计处理是否正确，资本化的处理是否符合规定：

(1)对于分期付息、一次还本的债券，检查资产负债表日是否按摊余成本和实际利率计算确定债券利息费用，并正确计入在建工程、制造费用、财务费用、研发费用等科目，是否按票面利率计算确定应付未付利息，计入"应付利息"科目，是否按其差额调整"应付债券——利息调整"；

(2)对于一次还本付息的债券，检查资产负债表日是否按摊余成本和实际利率计算确定债券利息费用，并正确计入在建工程、制造费用、财务费用、研发费用等科目，是否按票面利率计算确定应付未付利息，计入"应付债券——应计利息"，是否按其差额调整"应付债券——利息调整"。

5. 检查到期债券的偿还。检查偿还债券的支票存根等相关会计记录，检查其会计处理是否正确。

6. 检查可转换公司债券是否将负债和权益成分分拆，可转换公司债券持有人行使转换权利，将其持有的债券转为股票时其会计处理是否正确。

7. 如发行债券时已作抵押或担保，应检查相关契约的履行情况。

8. 根据评估的舞弊风险等因素增加的其他审计程序。

9. 检查应期债券是否已按照企业会计准则的规定在财务报表中作出恰当列报：

(1)一年内到期的应期债券是否列为一年内到期的非流动负债；

(2)期末到期未偿付的债券金额及逾期原因是否充分披露。

(十)长期应付款审计程序

1. 获取或编制长期应付款明细表：

(1)复核加计是否正确，并与报表数、总账数和明细账合计数核对是否相符；

(2)检查非记账本位币长期应付款的折算汇率及折算是否正确；

(3)检查长期应付款的内容是否符合企业会计准则的规定(主要包括应付融资租入固定资产的租赁费、以分期付款方式购入固定资产等发生的应付款项等)。

2. 检查应付融资租入固定资产的租赁费：

(1)重点关注企业融资租入的固定资产，检查企业融资租入的固定资产是否经授权批准，在租赁期开始日，长期应付款是否按最低租赁付款额确认；

(2)结合合同的审查，是否按合约规定的付款条件按期支付租金；

(3)检查会计处理是否正确。

3. 检查以分期付款方式购入固定资产等发生的应付款项：

(1)检查购入超过信用条件延期支付价款、实质上具有融资性质的资产，长期应付款是否按应支付的金额确认；

(2)结合合同的审查，是否按合约规定的付款条件按期支付价款；

(3)检查会计处理是否正确。

(十一)预计负债审计程序

1. 获取或编制预计负债明细表：

(1)复核加计是否正确，并与报表数、总账数和明细账合计数核对是否相符；

(2)复核预计负债的期初余额，确定其是否与上期末审定数相符。

2. 了解形成预计负债的原因，并与管理层就预计负债的完整性和充分计提进行讨论，以确定金额估计是否合理，相关的会计处理是否正确。

3. 向被审计单位管理层索取下列资料，作必要的审核和评价：

(1)被审计单位有关或有事项的全部文件和凭证；

(2)被审计单位与银行之间的往来函件，以查找有关票据贴现、应收账款抵借、票据背书和对其他债务的担保；

(3)被审计单位的债务说明书，其中，除其他债务说明外，还应包括对或有事项的说明，即说明已知的或有事项均已在财务报表中作了适当反映。

4. 向被审计单位的法律顾问和律师进行函证，以获取法律顾问和律师对被审计单位资产负债表日业已存在的，以及资产负债日至复函日期间存在的或有事项的确认证据。检查其是否满足预计负债确认的条件，如是，会计处理是否正确。

5. 向被审计单位询问、了解为其他单位的银行借款或其他债务提供的担保事项(性质、金额、时间)，以及存在或有损失的可能性，检查其是否满足预计负债确认的条件，如是，会计处理是否正确。

6. 就商业票据贴现、应收账款保理、通融票据背书和其他债务的担保等或有事项，向银行寄发审计询证函，检查其是否满足预计负债确认的条件，如是，会计处理是否正确。

7. 询问有关销售人员并获取被审计单位对产品质量保证方面的记录、被审计单位销售和实际维修费用支付情况，检查其是否满足预计负债确认的条件，如是，会计处理是否正确。

8. 检查被审计单位资产负债表日已经签订的待执行合同、合同各方往来信函等，以识别亏损合同，检查其是否满足预计负债确认的条件，如是，会计处理是否正确。

9. 复核被审计单位环保政策和程序，查阅与环保监管部门的往来信函、相应账户，识别需要反映的环保整治义务，检查其是否满足预计负债确认的条件，如是，会计处理是否正确。

10. 检查在资产负债表日被审计单位是否因对外公告详细和正式的重组计划而承担了重组义务，检查其是否满足预计负债确认的条件，如是，会计处理是否正确。

11. 检查被审计单位是否因在投资合同中约定对被投资单位的超额亏损承担额外损失，检查其是否满足预计负债确认的条件，如是，会计处理是否正确。

12. 检查其他可能出现预计负债的情况，检查其是否满足预计负债确认的条件，如是，会计处理是否正确。

13. 根据预计负债确认的条件，确定企业预计负债的计量是否合理，会计处理是否正确。

14. 检查预计负债得以证实时(即损失实际发生时)，对实际发生的损失与原预计负债的差额的会计处理是否正确。

15. 检查被审计单位是否在资产负债表日对预计负债的账面价值进行复核。有确凿证据表明该账面价值不能真实反映资产负债日最佳估计数时，检查被审计单位是否按照资产负债表日最佳估计数对该账面价值进行调整。

16. 针对评估的舞弊风险等因素增加的审计程序。

17. 确定预计负债是否已按照企业会计准则的规定在财务报表中作出恰当列报：

(1)预计负债的种类、形成原因以及经济利益流出不确定性的说明；

(2)各类预计负债的期初、期末余额和本期变动情况；

(3)与预计负债有关的预期补偿金额和本期已确认的预期补偿金额。

预计负债审计是或有事项审计的一部分内容，要结合或有事项实施实质性程序。

（十二）递延所得税负债审计程序

1. 获取或编制递延所得税负债明细表，复核加计是否正确，并与报表数、总账数和明细账合计数核对是否相符。

2. 检查被审计单位采用的会计政策是否为资产负债表债务法，前后期是否一致。

3. 检查被审计单位用于确认递延所得税负债的税率是否根据税法规定，按照预期清偿该债务期间的适用税率计量。

4. 识别被审计单位期初递延所得税资产和递延所得税负债的项目及金额，以及对当期和未来期间经营损失的影响。

5. 检查递延所得税负债增减变动记录，及应纳税暂时性差异的形成原因，确定除明确规定不得确认递延所得税负债的情况外被审计单位是否对所有应纳税暂时性差异均已确认为递延所得税负债；确定是否符合有关规定，计算是否正确，预计转销期是否适当；并特别关注以下事项：

（1）检查是否存在下列交易中产生的递延所得税负债不应予以确认，而被审计单位予以确认的情况：

①商誉的初始确认；

②同时具有下列特征的交易中产生的资产或负债的初始确认：该项交易不是企业合并；交易发生时既不影响会计利润也不影响应纳税所得额（或可抵扣亏损）。

（2）检查是否存在被审计单位对子公司、联营企业及合营企业投资相关的应纳税暂时性差异，在同时满足下列条件时，不应确认相应的递延所得税负债，而被审计单位予以确认的情况：

①被审计单位能够控制暂时性差异转回的时间；

②该暂时性差异在可预见的未来很可能不会转回。

6. 重新计算固定资产折旧形成的应纳税暂时性差异，检查会计处理是否正确。

7. 重新计算识别无形资产摊销形成的应纳税暂时性差异，检查会计处理是否正确。

8. 重新计算非同一控制下企业合并形成的应纳税暂时性差异，检查会计处理是否正确。

9. 重新计算资产公允价值变动形成的应纳税暂时性差异，检查会计处理是否正确。

10. 重新计算本期其他应纳税暂时性差异形成的递延所得税负债，检查会计处理是否正确。

11. 检查递延所得税负债是否有现行税法确定性支持，是否符合被审计单位所在地税务当局征管制度的要求，是否属于一项现时义务。

12. 检查预期收回递延所得税负债期间的税率发生变动时，是否对递延所得税负债进行重新计算，对其影响数的会计处理是否正确。

13. 根据评估的舞弊风险等因素增加的审计程序。

14. 检查递延所得税负债是否已按照企业会计准则的规定在财务报表中作出恰当列报：

（1）对每一类暂时性差异，在列报期间确认的递延所得税负债的金额；

（2）未确认递延所得税负债的，与对子公司、联营企业及合营企业投资相关的暂时性差异。

律师询证函

____________律师事务所

____________律师台鉴：

本公司已聘请××会计师事务所对本公司20×7年度的财务报表进行审计。为配合该项审计，谨请贵律师基于受理本公司委托的工作(诸如常年法律顾问、专项咨询和诉讼代理等)，提供下述资料，并函告××会计师事务所：

一、请说明存在于资产负债表日并且自该日起至本函回复日止本公司委托贵律师代理进行的任何未决诉讼。该说明中谨请包含以下内容：

1. 案件的简要事实经过与目前的发展进程；

2. 在可能范围内，贵律师对于本公司管理当局就上述案件所持看法及处理计划(如庭外和解设想)的了解，及您对可能发生结果的意见；

3. 在可能范围内，您对可能发生的损失或收益的可能性及金额的估计。

二、请说明存在于20×7年×月×日以及20×7年×月×日起至本函回复日止，本公司曾向贵律师咨询的其他诸如未决诉讼、追索债权、被追索债务以及政府有关部门对本公司进行的调查等可能涉及本公司法律责任的事件。

三、请说明截至20×7年×月×日止，本公司与贵律师事务所就律师服务费的结算情况(如有可能，请依服务项目区分)。

四、若无上述一及二事项，为节省您宝贵的时间，烦请填写本函背面资料并签章后，按以下地址，寄往××会计师事务所。

××会计师事务所　　　　地址：　　　　　　　　　　　　邮编：

谢谢合作!

____________________公司(盖章)

20×8年×月×日

索引号：F04

律师询证函复函

××会计师事务所：

本律师于____________________期间，除向S公司提供一般性法律咨询服务，并未有接受委托，代理进行或咨询如前述一、二项所述之事宜。

另截至20×7年×月×日止，该公司

□ 未积欠本律师任何律师服务费。

□ 尚有本律师的有关服务费，计人民币__________元，未予付清。

____________________律师事务所

律师：____________(签章)

20×8年×月×日

二、主要审计工作底稿

负债类账户层次审计的工作底稿大多数是通用工作底稿，只是在具体内容设置上根据各个账户的特点分别设置相应的测试项目。常用的工作底稿如表 4－30～表 4－32 所示。

表 4－30

×××负债审定表

被审计单位：	索引号：FB1
项目：×××负债审定表	财务报表截止日/期间：
编制：	复核：
日期：	页次：

项目名称	期末未审数	账项调整		重分类调整		期末审定数	上期末审定数	索引号
		借方	贷方	借方	贷方			
合计								

审计结论：

表 4－31

×××负债明细表

被审计单位：
项目：×××负债明细表
编制：
日期：

索引号：FB2
财务报表截止日/期间：
复核：
日期：

项目名称	期初余额	本期增加	本期减少	期末余额	备　注
合计					

编制说明：

1. 本工作底稿应列入×××负债的每一明细账户；
2. 备注栏可填写主要业务内容及异常情况说明；
3. 应说明公允价值取价依据。

审计说明：

表 4－32

×××负债检查情况表

被审计单位：
项目：×××负债检查情况表
编制：
日期：

索引号：FB3
财务报表截止日/期间：
复核：
日期：

记账日期	凭证编号	业务内容	对应科目	金额	核对内容（用“√”、“×”表示）					备　注
					1	2	3	4	5	

核对内容说明：1. 原始凭证是否齐全；2. 记账凭证与原始凭证是否相符；3. 账务处理是否正确；4. 是否记录于恰当的会计期间；5. ……

审计说明：

实训十四 所有者权益类账户审计

所有者权益类账户审计存在很多共性，它们的审计目标与认定对应关系表可以归纳为下表：

审计目标	财务报表认定				
	存在	完整性	权利和义务	计价和分摊	列报
A. 资产负债表中记录的所有者权益是存在的。	√				
B. 所有应当记录的所有者权益均已记录，所有者权益的增减变动符合法律、法规和合同、章程的规定。		√			
C. 所有者权益以恰当的金额包括在财务报表中。				√	
D. 所有者权益已按照企业会计准则的规定在财务报表中作出恰当列报。					√

一、主要审计程序

（一）实收资本（股本）审计程序

1. 获取或编制实收资本（股本）明细表：

（1）复核加计是否正确，并与报表数、总账数和明细账合计数核对是否相符；

（2）以非记账本位币出资的，检查其折算汇率是否符合规定，折算差额的会计处理是否正确。

2. 首次接受委托的客户，取得历次验资报告，将其所载明的投资者名称、投资方式、投资金额、到账时间等内容与被审计单位历次实收资本（股本）变动的账面记录、会计凭证及附件等核对。

3. 审阅公司章程、股东（大）会、董事会会议记录中有关实收资本（股本）的规定。收集与实收资本（股本）变动有关的董事会会议纪要、股东（大）会决议、合同、协议、公司章程及营业执照、公司设立批文、验资报告等法律性文件，并更新永久性档案。

4. 检查投入资本是否真实存在，审阅和核对与投入资本有关的原始凭证、会计记录，必要时向投资者函证实缴资本额，对有关财产和实物价值进行鉴定，以确定投入资本的真实性：

（1）对于发行在外的股票，应检查股票的发行活动。检查的内容包括已发行股票的登记簿、募股清单、银行对账单、会计账面记录等。必要时，可向证券交易所和金融机构函证股票发行的数量。

（2）对于发行在外的股票，应检查股票发行费用的会计处理是否符合有关规定。

5. 检查出资期限和出资方式、出资额，检查投资者是否按合同、协议、章程约定的时间和方式缴付出资额，是否已经审计人员验证。若已验资，应审阅验资报告。

6. 检查实收资本（股本）增减变动的原因，查阅其是否与董事会纪要、补充合同、协议及其他有关法律性文件的规定一致，逐笔追查至原始凭证，检查其会计处理是否正确。注意有无抽资或变相抽资的情况，如有，应取证核实，作恰当处理。对首次接受委托的客户，除取得验资报告外，还应检查并复印记账凭证及进账单：

(1)对于股份有限公司，应检查股票收回的交易活动，检查的内容包括已发行股票的登记簿、收回的股票、银行对账单、会计账面记录等；

(2)以发放股票股利增资的，检查股东(大)会决议，检查相关增资手续是否办理，会计处理是否正确；

(3)对于以资本公积、盈余公积和未分配利润转增资本的，应取得股东(大)会决议等资料，并审核是否符合国家有关规定，会计处理是否正确；

(4)以权益结算的股份支付行权时增资，取得相关资料，检查是否符合相关规定，会计处理是否正确；

(5)以回购股票以及其他法定程序报经批准减资的，检查股东(大)会决议以及相关的法律文件，手续是否办理，会计处理是否正确；

(6)中外合作经营企业在合作期间归还投资的，收集与已归还投资变动有关的公司章程、合同、董事会会议纪要、政府部门的批准文件等资料，查明其是否合规、合法，并更新永久性档案，对已归还投资的发生额逐项审计至原始凭证，检查应用的折算汇率和会计处理是否符合相关规定。

7. 根据证券登记公司提供的股东名录，检查被审计单位及其子公司、合营企业与联营企业是否有违反规定的持股情况。

8. 检查认股权证及其有关交易，确定委托人及认股人是否遵守认股合约或认股权证中的有关规定。

9. 根据评估的舞弊风险等因素增加的审计程序。

10. 检查实收资本(股本)是否已按照企业会计准则的规定在财务报表中作出恰当列报。

(二)资本公积审计程序

1. 获取或编制资本公积明细表，复核加计是否正确，并与报表数、总账数和明细账合计数核对是否相符。

2. 首次接受委托的单位，应对期初的资本公积进行追溯查验，检查原始发生的依据是否充分。

3. 收集与资本公积变动有关的股东(大)会决议、董事会会议纪要、资产评估报告等文件资料，更新永久性档案。

4. 根据资本公积明细账，对“资本(股本)溢价”的发生额逐项审查至原始凭证：

(1)对股本溢价，应取得董事会会议纪要、股东(大)会决议、有关合同、政府批文，追查至银行收款等原始凭证，结合相关科目的审计，检查会计处理是否正确，注意发行股票溢价收入的计算是否已扣除股票发行费用；

(2)对资本公积转增资本的，应取得股东(大)会决议、董事会会议纪要、有关批文等，检查资本公积转增资本是否符合有关规定，会计处理是否正确；

(3)若有同一控制下企业合并，应结合长期股权投资科目，检查被审计单位(合并方)取得的被合并方所有者权益账面价值的份额与支付的合并对价账面价值的差额计算是否正确，是否依次调整本科目、盈余公积和未分配利润；

(4)股份有限公司回购本公司股票进行减资的，检查其是否按注销的股票面值总额和所注销的库存股的账面余额，冲减资本公积；

(5)检查与发行权益性证券直接相关的手续费、佣金等交易费用的会计处理是否正确，是否将与发行权益性证券间接相关的手续费计入本账户，若有，判断是否需要被审计单位调整。

5. 根据资本公积明细账，对“其他资本公积”的发生额逐项审查至原始凭证：

(1)检查以权益法核算的被投资单位除净损益以外所有者权益的变动，被审计单位是否已按其享有的份额入账，会计处理是否正确；处置该项投资时，应注意是否已转销与其相关的资本公积。

(2)以自用房地产或存货转换为采用公允价值模式计量的投资性房地产，转换日的公允价值大于原账面价值的，检查其差额是否计入资本公积。处置该项投资性房地产时，原计入资本公积的部分是否已转销。

(3)将持有至到期投资重分类为可供出售金融资产，或将可供出售金融资产重分类为持有至到期投资的，是否按相关规定调整资本公积，检查可供出售金融资产的后续计量是否相应调整资本公积。

(4)以权益结算的股权支付，取得相关资料，检查在权益工具授予日和行权日的会计处理是否正确。

(5)对于在资产负债表日满足运用套期会计方法条件的现金流量套期和境外经营净投资套期产生的利得和损失，是否进行了正确的会计处理。

6. 检查资本公积各项目，考虑对所得税的影响。

7. 记录资本公积中不能转增资本的项目。

8. 根据评估的舞弊风险等因素增加的审计程序。

9. 检查资本公积是否已按照企业会计准则的规定在财务报表中作出恰当列报。

(三)盈余公积审计程序

1. 获取或编制盈余公积明细表，复核加计是否正确，并与报表数、总账数及明细账合计数核对是否相符。

2. 收集与盈余公积变动有关的董事会会议纪要、股东(大)会决议以及政府主管部门、财政部门批复等文件资料，进行审阅，并更新永久性档案。

3. 对法定盈余公积和任意盈余公积的发生额逐项审查至原始凭证：

(1)审查法定盈余公积和任意盈余公积的计提顺序、计提基数、计提比例是否符合有关规定，会计处理是否正确。

(2)审查盈余公积的减少是否符合有关规定，取得董事会会议纪要、股东(大)会决议，予以核实，检查有关会计处理是否正确。

4. 如系外商投资企业，应对储备基金、企业发展基金的发生额逐项审查至原始凭证，审查是否符合有关规定，会计处理是否正确。

5. 如系中外合作经营企业，应对利润归还投资的发生额审查至原始凭证，并与“实收资本——已归还投资”科目的发生金额核对，检查会计处理是否正确。

6. 根据评估的舞弊风险等因素增加的审计程序。

7. 检查盈余公积的列报是否已按照企业会计准则的规定在财务报表中作出恰当列报。

(四)未分配利润审计程序

1. 获取或编制利润分配明细表，复核加计是否正确，与报表数、总账数及明细账合计数核对是否相符。

2. 将未分配利润年初数与上年审定数核对是否相符，检查涉及损益的上年审计调整是否正确入账。

3. 获取与未分配利润有关的董事会会议纪要、股东(大)会决议、政府部门批文及有关合同、协议、公司章程等文件资料，并更新永久性档案。

4. 检查董事会会议纪要、股东(大)会决议、利润分配方案等资料，对照有关规定确认利润分配的合法性。

5. 检查未分配利润变动的相关凭证，结合所获取的文件资料，确定其会计处理是否正确。

6. 了解本年利润弥补以前年度亏损的情况，确定本期末未弥补亏损金额。如果已超过弥补期限，且已因为抵扣亏损而确认递延所得税资产的，应当进行调整。

7. 检查本期未分配利润变动除净利润转入以外的全部相关凭证，结合所获取的文件资料，确定其会计处理是否正确。

8. 结合以前年度损益科目的审计，检查以前年度损益调整的内容是否真实、合理，注意对以前年度所得税的影响。对重大调整事项应逐项核实其发生原因、依据和有关资料，复核数据的正确性。

9. 根据评估的舞弊风险等因素增加的审计程序。

10. 检查未分配利润是否已按照企业会计准则的规定在财务报表中作出恰当列报：

检查对资产负债表日后至财务报告批准报出日期间由董事会或类似机构所制定利润分配方案中拟分配的股利，是否在财务报表附注中单独披露。

二、主要审计工作底稿

负债类账户层次审计的工作底稿大多数是通用工作底稿，只是在具体内容设置上根据各个账户的特点分别设置相应的测试项目。常用的工作底稿如表 4－33～表 4－35 所示。

表 4－33

计划实施的实质性程序

项　　目			财务报表认定				
			存在	完整性	权利和义务	计价和分摊	列报
评估的重大错报风险水平[注1]							
从控制测试获取的保证程度[注2]							
需从实质性程序获取的保证程度							
计划实施的实质性程序[注3]	索引号	执行人					
1.							
2.							
3.							
4.							
5.							
6.							
7.							
8.							
9.							
10.							
…							

注：1. 结果取自风险评估工作底稿。

2. 结果取自该项目所属业务循环内部控制工作底稿。

3. 在计划实施的实质性程序与财务报表认定之间的对应关系用“√”表示。

表 4－34

×××审定表

被审计单位：
项目：×××审定表
编制：
日期：

索引号：QA1
财务报表截止日/期间：
复核：
日期：

股东名称	期末未审数	账项调整		重分类调整		期末审定数	上期末审计数	索引号
		借方	贷方	借方	贷方			
合计								

审计结论：

表 4－35

×××明细表

被审计单位：
项目：×××明细表
编制：
日期：

索引号：QA2
财务报表截止日/期间：
复核：
日期：

股东名称	期初余额	本期增加	本期减少	期末余额	备　注
合计					

审计说明：

实训十五　损益类账户的审计

审计目标与认定对应关系

审　计　目　标	财务报表认定					
	存在	完整性	准确性	截止	分类	列报
A. 利润表中记录的损益已发生，且与被审计单位有关。	√					
B. 所有应当记录的损益均已记录。		√				
C. 与损益有关的金额及其他数据已恰当记录。			√			
D. 损益已记录于正确的会计期间。				√		
E. 损益已记录于恰当的账户。					√	
F. 损益已按照企业会计准则的规定在财务报表中作出恰当的列报。						√

一、主要审计程序

（一）营业收入审计程序

1. 获取或编制主营业务收入明细表：

（1）复核加计是否正确，并与总账数和明细账合计数核对是否相符，结合其他业务收入科目与报表数核对是否相符；

（2）检查以非记账本位币结算的主营业务收入的折算汇率及折算是否正确。

2. 实质性分析程序（必要时）：

（1）针对已识别需要运用分析程序的有关项目，并基于对被审计单位及其环境的了解，通过进行以下比较，同时考虑有关数据间关系的影响，以建立有关数据的期望值：

①将本期的主营业务收入与上期的主营业务收入进行比较，分析产品销售的结构和价格变动是否异常，并分析异常变动的原因；

②计算本期重要产品的毛利率，与上期比较，检查是否存在异常，各期之间是否存在重大波动，查明原因；

③比较本期各月各类主营业务收入的波动情况，分析其变动趋势是否正常，是否符合被审计单位季节性、周期性的经营规律，查明异常现象和重大波动的原因；

④将本期重要产品的毛利率与同行业企业进行对比分析，检查是否存在异常；

⑤根据增值税发票申报表或普通发票，估算全年收入，与实际收入金额比较。

（2）确定可接受的差异额。

（3）将实际的情况与期望值相比较，识别需要进一步调查的差异。

（4）如果其差额超过可接受的差异额，调查并获取充分的解释和恰当的佐证审计证据（如通过检查相关的凭证等）。

（5）评估分析程序的测试结果。

3. 检查主营业务收入的确认条件、方法是否符合企业会计准则，前后期是否一致；关注周期性、偶然性的收入是否符合既定的收入确认原则、方法。

4. 获取产品价格目录，抽查售价是否符合价格政策，并注意销售给关联方或关系密切的重要客户的产品价格是否合理，有无以低价或高价结算的方法，相互之间有无转移利润的现象。

5. 抽取若干张发货单，审查出库日期、品名、数量等是否与发票、销售合同、记账凭证等一致。

6. 抽取若干张记账凭证，审查入账日期、品名、数量、单价、金额等是否与发票、发货单、销售合同等一致。

7. 结合对应收账款的审计，选择主要客户函证本期销售额。

8. 对于出口销售，应当将销售记录与出口报关单、货运提单、销售发票等出口销售单据进行核对，必要时向海关函证。

9. 销售的截止测试：

(1)通过测试资产负债表日前后若干天且大于一定金额的发货单据，将应收账款和收入明细账进行核对；同时，从应收账款和收入明细账中选取在资产负债表日前后若干天且大于一定金额的凭证，与发货单据核对，以确定销售是否存在跨期现象。

(2)复核资产负债表日前后销售和发货水平，确定业务活动水平是否异常(如与正常水平相比)，并考虑是否有必要追加截止程序。

(3)取得资产负债表日后所有的销售退回记录，检查是否存在提前确认收入的情况。

(4)结合对资产负债表日应收账款的函证程序，检查有无未取得对方认可的大额销售。

(5)调整重大跨期销售。

10. 存在销货退回的，检查手续是否符合规定，结合原始销售凭证检查其会计处理是否正确。结合存货项目审计关注其真实性。

11. 销售折扣与折让：

(1)获取或编制折扣与折让明细表，复核加计正确，并与明细账合计数核对相符；

(2)取得被审计单位有关折扣与折让的具体规定和其他文件资料，并抽查较大的折扣与折让发生额的授权批准情况，与实际执行情况进行核对，检查其是否经授权批准，是否合法、真实；

(3)销售折让与折扣是否及时足额提交对方，有无虚设中介、转移收入、私设账外"小金库"等情况；

(4)检查折扣与折让的会计处理是否正确。

12. 检查有无特殊的销售行为，如委托代销、分期收款销售、商品需要安装和检验的销售、附有退回条件的销售、售后租回、售后回购、以旧换新、出口销售等，选择恰当的审计程序进行审核。

13. 调查向关联方销售的情况，记录其交易品种、价格、数量、金额和比例，并记录占总销售收入的比例。对于合并范围内的销售活动，记录应予合并抵消的金额。

14. 调查集团内部销售的情况，记录其交易价格、数量和金额，并追查在编制合并财务报表时是否已予以抵消。

15. 根据评估的舞弊风险等因素增加的审计程序。

16. 获取或编制其他业务收入明细表，复核加计是否正确，并与总账数和明细账合计数核对是否相符，结合主营业务收入科目与营业收入报表数核对是否相符。

17. 检查原始凭证等相关资料，分析交易的实质，确定其是否符合收入确认的条件，并检查其会计处理是否正确。

18. 用材料进行非货币性资产交易的，应确定其是否具有商业实质且公允价值能够可靠计量。

19. 根据评估的舞弊风险等因素增加的审计程序。

20. 检查营业收入是否已按照企业会计准则的规定在财务报表中作出恰当列报。

(二)营业成本审计程序

1. 获取或编制主营业务成本明细表，复核加计是否正确，并与总账数和明细账合计数核对是否相符，结合其他业务成本科目与营业成本报表数核对是否相符。

2. 实质性分析程序(必要时)：

(1)针对已识别需要运用分析程序的有关项目，审计人员基于对被审计单位及其环境的了解，通过进行以下比较，并考虑有关数据间关系的影响，以建立审计人员有关数据的期望值：

①比较当年与以前年度不同品种产品的主营业务成本和毛利率，并查明异常情况的原因；

②比较当年与以前年度各月主营业务成本的波动趋势，并查明异常情况的原因；

③比较被审计单位与同行业的毛利率，并查明异常情况的原因；

④比较当年及以前年度主要产品的单位产品成本，并查明异常情况的原因。

(2)确定可接受的差异额。

(3)将实际的情况与期望值相比较，识别需要进一步调查的差异。

(4)如果其差额超过可接受的差异额，调查并获取充分的解释和恰当的佐证审计证据(例如：通过检查相关的凭证)。

(5)评估分析程序的测试结果。

3. 检查主营业务成本的内容和计算方法是否符合会计准则规定，前后期是否一致。

4. 复核主营业务成本明细表的正确性，编制生产成本与主营业务成本倒轧表，并与相关科目交叉索引。

5. 抽查若干月主营业务成本结转明细清单，比较计入主营业务成本的品种、规格、数量和主营业务收入的口径是否一致，是否符合配比原则。

6. 针对主营业务成本中重大调整事项(如销售退回)、非常规项目，检查相关原始凭证，评价其真实性和合理性，检查其会计处理是否正确。

7. 在采用计划成本、定额成本、标准成本或售价核算存货的条件下，应检查产品成本差异或商品进销差价的计算、分配和会计处理是否正确。

8. 结合期间费用的审计，判断被审计单位是否通过将应计入生产成本的支出计入期间费用，或将应计入期间费用的支出计入生产成本等手段调节生产成本，从而调节主营业务成本。

9. 根据评估的舞弊风险等因素增加的审计程序。

10. 获取或编制其他业务成本明细表，复核加计正确，并与总账数和明细账合计数核对相符，结合主营业务成本科目与营业成本报表数核对相符。

11. 与上期其他业务收入/成本比较，检查是否有重大波动，如有，应查明原因。

12. 检查其他业务成本内容是否真实，计算是否正确，会计处理是否正确，择要抽查原始凭证予以核实。

13. 复核其他业务成本明细表的正确性，并与相关科目交叉核对。

14. 检查除主营业务活动以外的其他经营活动发生的相关税费是否计入本科目。

15. 根据评估的舞弊风险等因素增加的审计程序。

16. 检查营业成本是否已按照企业会计准则的规定在财务报表中作出恰当列报。

（三）营业税金及附加审计程序

1．获取或编制营业税金及附加明细表，复核加计是否正确，并与报表数、总账数和明细账合计数核对是否相符。

2．根据审定的本期应纳营业税的营业收入和其他纳税事项，按规定的税率，分项计算、复核本期应纳营业税税额，检查会计处理是否正确。

3．根据审定的本期应税消费品销售额（或数量），按规定适用的税率，分项计算、复核本期应纳消费税税额，检查会计处理是否正确。

4．根据审定的本期应纳资源税产品的课税数量，按规定适用的单位税额，计算、复核本期应纳资源税税额，检查会计处理是否正确。

5．检查城市维护建设税、教育费附加等项目的计算依据是否和本期应纳增值税、营业税、消费税合计数一致，并按规定适用的税率或费率计算、复核本期应纳城建税、教育费附加等，检查会计处理是否正确。

6．结合应交税费科目的审计，复核其勾稽关系。

7．根据评估的舞弊风险等因素增加的审计程序。

8．检查营业税金及附加是否已按照企业会计准则的规定在财务报表中作出恰当列报。

（四）销售费用审计程序

1．获取或编制销售费用明细表：

（1）复核其加计数是否正确，并与报表数、总账数和明细账合计数核对是否相符；

（2）将销售费用中的工资、折旧等与相关的资产、负债科目核对，检查其勾稽关系的合理性。

2．对销售费用进行分析：

（1）计算分析各个月份销售费用总额及主要项目金额占主营业务收入的比率，并与上一年度进行比较，判断变动的合理性；

（2）计算分析各个月份销售费用中主要项目发生额及占销售费用总额的比率，并与上一年度进行比较，判断其变动的合理性。

3．检查各明细项目是否与被审计单位销售商品和材料、提供劳务以及专设的销售机构发生的各种费用有关。

4．检查销售佣金支出是否符合规定，审批手续是否健全，是否取得有效的原始凭证；如超过规定，是否按规定进行了纳税调整。

5．检查广告费、宣传费、业务招待费的支出是否合理，审批手续是否健全，是否取得有效的原始凭证；如超过规定限额，应在计算应纳税所得额时调整。

6．检查由产品质量保证产生的预计负债，是否按确定的金额进行会计处理。

7．选择重要或异常的销售费用，检查销售费用各项目开支标准是否符合有关规定，开支内容是否与被审计单位的产品销售或专设销售机构的经费有关，计算是否正确，原始凭证是否合法，会计处理是否正确。

8．抽取资产负债表日前后若干天的若干张凭证，实施截止测试，若存在异常迹象，应考虑是否有必要追加审计程序，对于重大跨期项目应作必要调整。

9．根据评估的舞弊风险等因素增加相应的审计程序。

10．检查销售费用是否已按照企业会计准则在财务报表中作出恰当的列报。

（五）管理费用审计程序

1．获取或编制管理费用明细表，复核加计是否正确，并与报表数、总账数及明细账合计数核对是否相符。

2. 将管理费用中的职工薪酬、无形资产摊销、长期待摊费用摊销额等项目与各有关账户进行核对，分析其勾稽关系的合理性，并作出相应记录。

3. 对管理费用进行分析：

(1)计算分析管理费用中各项目发生额及占费用总额的比率，将本期、上期管理费用各主要明细项目作比较分析，判断其变动的合理性；

(2)将管理费用实际金额与预算金额进行比较；

(3)比较本期各月份管理费用，对有重大波动和异常情况的项目应查明原因，必要时作适当处理。

4. 检查管理费用明细项目的设置是否符合规定的核算内容与范围，结合成本费用的审计，检查是否存在费用分类错误，若有，应提请被审计单位调整。

5. 检查公司经费(包括行政管理部门职工薪酬、物料消耗、低值易耗品摊销、办公费和差旅费)是否系经营管理中发生或应由公司统一负担，检查相关费用报销内部管理办法，是否有合法原始凭证支持。

6. 检查董事会费(包括董事会成员津贴、会议费和差旅费等)，检查相关董事会及股东会决议，是否在合规范围内开支费用。

7. 检查聘请中介机构费、咨询费(含顾问费)，检查是否按合同规定支付费用，有无涉及到诉讼及赔偿款项支出。

8. 检查诉讼费用并结合或有事项审计，检查涉及的相关重大诉讼事项是否已在财务报表附注中进行披露，还需进一步关注诉讼状态，判断有无或有负债，或是否存在损失已发生而未入账的事项。

9. 检查业务招待费的支出是否合理，如超过规定限额，应在计算应纳税所得额时调整。

10. 复核本期发生的矿产资源补偿费、房产税、土地使用税、印花税等税费是否正确。

11. 结合相关资产的检查，核对筹建期间发生的开办费(包括人员工资、办公费、培训费、差旅费、印刷费、注册登记费以及不计入固定资产成本的借款费用等)是否直接计入管理费用。

12. 针对特殊行业，检查排污费等环保费用是否合理计提。

13. 选择重要或异常的管理费用，检查费用的开支标准是否符合有关规定，计算是否正确，原始凭证是否合法，会计处理是否正确。

14. 抽取资产负债表日前后若干天的若干张凭证，实施截止性测试，若存在异常迹象，应考虑是否有必要追加审计程序，对于重大跨期项目，应作必要调整。

15. 根据评估的舞弊风险等因素增加的其他审计程序。

16. 确定管理费用是否已按照企业会计准则的规定在财务报表中作出恰当的列报。

(六)财务费用审计程序

1. 获取或编制财务费用明细表，复核其加计数是否正确，并与报表数、总账数和明细账合计数核对是否相符。

2. 实质性分析程序：

(1)针对已识别需要运用分析程序的有关项目，并基于对被审计单位及其环境的了解，通过进行以下比较，同时考虑有关数据间关系的影响，以建立有关数据的期望值：

①将本期财务费用各明细项目与上期进行对比，必要时比较本期各月份财务费用，如有重大波动和异常情况应追查原因；

②计算借款、应付债券平均实际利率并同以前年度及市场平均利率相比较；

③根据借款、应付债券平均余额、平均利率测算当期利息费用和应付利息，并与账面记录进行比较；

④根据银行存款平均余额和存款平均利率复核利息收入。

(2)确定可接受的差异额。

(3)将实际情况与期望值相比较，识别需要进一步调查的差异。

(4)如果其差额超过可接受的差异额，调查并获取充分的解释和恰当的佐证审计证据(如通过检查相关的凭证)。

(5)评估分析程序的测试结果。

3. 检查财务费用明细项目的设置是否符合规定的核算内容与范围，是否划清财务费用与其他费用的界限。

4. 检查利息支出明细账：

(1)审查各项借款期末应计利息有无预计入账；

(2)审查现金折扣的会计处理是否正确；

(3)结合长短期借款、应付债券等的审计，检查财务费用中是否包括为购建或生产满足资本化条件的资产发生的应予资本化的借款费用；

(4)检查融资租入的固定资产、购入有关资产超过正常信用条件延期支付价款、实质上具有融资性质的，采用实际利率法分期摊销未确认融资费用时计入财务费用数是否正确；

(5)检查应收票据贴现息的计算与会计处理是否正确；

(6)检查存在资产弃置费用义务的固定资产或油气资产，在其使用寿命内，是否按期计算确定应负担的利息费用。

5. 检查利息收入明细账：

(1)确认利息收入的真实性及正确性；

(2)检查从其他企业或非银行金融机构取得的利息收入是否按规定计缴营业税；

(3)检查采用递延方式分期收款、实质上具有融资性质的销售商品或提供劳务，采用实际利率法按期计算确定的利息收入是否正确。

6. 检查汇兑损益明细账，检查汇兑损益计算方法是否正确，核对所用汇率是否正确，前后期是否一致。

7. 检查“财务费用——其他”明细账，注意检查大额金融机构手续费的真实性与正确性。

8. 抽取资产负债表日前后若干天的若干张凭证，实施截止测试，若存在异常迹象，应考虑是否有必要追加审计程序，对于重大跨期项目应作必要调整。

9. 根据评估的舞弊风险等因素增加的其他审计程序。

10. 检查财务费用是否已按照企业会计准则的规定在财务报表中作出恰当的列报。

(七)资产减值损失审计程序

1. 获取或编制资产减值损失明细表，复核加计是否正确，并与报表数、总账数和明细账合计数核对是否相符。

2. 对本期增减变动情况检查如下：

(1)对本期增加及转回的资产减值损失，与坏账准备、固定资产减值准备等科目进行交叉勾稽；

(2)对本期转销的资产减值损失，结合相关科目的审计，检查会计处理是否正确。

3. 根据评估的舞弊风险等因素增加的审计程序。

4. 检查资产减值损失是否已按照企业会计准则的规定在财务报表中作出恰当列报：

(1)当期确认的各项资产减值损失金额；

(2)上期确认的各项资产减值损失金额。

(八)公允价值变动审计程序

1. 获取或编制公允价值变动损益明细表，复核加计是否正确，并与报表数、总账数和明细账合计数核对是否相符。

2. 结合相关科目的审计，检查被审计单位是否在资产负债表日将交易性金融资产(负债)的公允价值与其账面价值的差额确认为公允价值变动损益；处置交易性金融资产(负债)时，检查会计处理是否正确。

3. 结合相关科目的审计，检查被审计单位是否在资产负债表日将衍生工具的公允价值与其账面价值的差额确认为公允价值变动损益；终止确认衍生工具时，检查其会计处理是否正确。

4. 结合相关科目的审计，检查被审计单位对在资产负债表日满足运用套期会计方法条件的现金流量套期和境外经营净投资套期产生的利得和损失，检查会计处理是否正确。

5. 结合相关科目的审计，检查被审计单位是否在资产负债表日将投资性房地产的公允价值与其账面价值的差额确认为公允价值变动损益；处置时检查会计处理是否正确。

6. 结合相关科目的审计，检查被审计单位公允价值变动损益的确认和计量是否正确，检查会计处理是否正确。

7. 根据评估的舞弊风险等因素增加的审计程序。

8. 检查公允价值变动损益是否已按照企业会计准则的规定在财务报表中作出恰当列报：产生公允价值变动收益的来源及其本期发生额、上期发生额。

(九)投资收益审计程序

1. 获取或编制投资收益分类明细表：

(1)复核加计是否正确，并与报表数、总账数和明细账合计数核对是否相符；

(2)检查非记账本位币投资收益的折算汇率及折算是否正确。

2. 确定投资收益的金额是否准确：

(1)与交易性金融资产、可供出售金融资产、持有至到期投资、长期股权投资、交易性金融负债等的相关审计结合，验证确定投资收益的记录是否充分、准确；

(2)对于重大的投资收益项目，审阅相关文件，复核其计算的准确性，并确定其是否应为投资收益。

3. 结合投资和银行存款等的审计，确定投资收益被记入正确的会计期间。

4. 检查投资协议等文件，确定国外的投资收益汇回是否存在重大限制，若存在重大限制，应说明原因，并作出恰当披露。

5. 根据评估的舞弊风险等因素增加的审计程序。

6. 检查投资收益是否已按照企业会计准则的规定在财务报表中作出恰当列报。

(十)营业外支出审计程序

1. 获取或编制营业外支出明细表，复核其加计数是否正确，并与报表数、总账数和明细账合计数核对是否相符。

2. 检查营业外支出明细项目的设置是否符合规定的核算内容与范围，是否划清营业外支出与其他费用的界限。

3. 检查非流动资产处置损失，应结合固定资产清理、无形资产等的审计，检查计入营业外支出的金额和有关会计处理是否正确。

4. 检查非货币性资产交换损失，应结合非货币性资产交换的审计，检查计入营业外支出的金额和有关会计处理是否正确。

5. 检查债务重组损失，应结合债务重组的审计，检查计入营业外支出的金额和有关会计处理是否正确。

6. 检查公益性捐赠支出的会计处理是否正确，注意公益性捐赠资产已计提的减值准备是否结转。检查公益救济性捐赠是否按税法规定进行企业所得税纳税调整。

7. 对非常损失应详细检查有关资料、被审计单位实际损失和保险理赔情况及审批文件。检查会计处理是否正确。

8. 对因盘亏、毁损的资产发生的净损失，检查是否按管理权限报经批准后处理，会计处理是否正确。

9. 对由对外提供担保、未决诉讼、重组义务产生的预计负债，应取得担保合同、仲裁或法院判决书等，结合预计负债的审计，检查计入营业外支出的金额是否适当，有关会计处理是否正确。

10. 检查非公益性捐赠支出、税收滞纳金、罚金、罚款支出、各种赞助费支出是否进行应纳税所得额调整。

11. 抽取资产负债表日前后若干天的若干张凭证，实施截止测试，若存在异常迹象，应考虑是否有必要追加审计程序，对于重大跨期项目应作必要调整。

12. 根据评估的舞弊风险等因素增加的其他审计程序。

13. 检查营业外支出是否已按照企业会计准则的规定在财务报表中作出恰当列报。

营业外支出应按非流动资产处置损失、非货币性资产交换损失、债务重组损失、公益性捐赠支出、非常损失、盘亏损失等各项目披露。

（十一）所得税费用审计程序

1. 获取或编制所得税费用明细表，复核加计是否正确，并与报表数、总账数和明细账合计数核对是否相符。

2. 检查被审计单位所采用的会计政策是否为资产负债表债务法。

3. 根据审计结果和税法规定，核实当期的纳税调整事项，确定应纳税所得额，结合应交所得税的审计，计算当期所得税费用，检查会计处理是否正确；应纳税所得额为负数的，应检查形成负数的年份与金额，必要时，取得经税务机关审核的前5年应纳税所得额，以确定可以以当期利润弥补的亏损额。

4. 根据资产及负债的账面价值与其计税基础之间的差异，以及未作为资产和负债确认的项目的账面价值与按照税法的规定确定的计税基础的差异，结合递延所得税资产和递延所得税负债的审计，计算递延所得税资产、递延所得税负债期末应有余额，并根据递延所得税资产、递延所得税负债期初余额，倒轧出递延所得税费用（收益），检查会计处理是否正确。

5. 检查被审计单位当期所得税和递延所得税作为所得税费用或收益计入当期损益中，是否包括下列不应计入当期损益的所得税，如有，应提请被审计单位调整：

（1）企业合并；

（2）直接在所有者权益中确认的交易或者事项。

6. 将当期所得税费用与递延所得税费用之和与利润表上的“所得税”项目金额相核对。

7. 根据评估的舞弊风险等因素增加的审计程序。

8. 检查所得税费用是否已按照企业会计准则的规定在财务报表中作出恰当列报：

(1)所得税费用(收益)的主要组成部分；

(2)所得税费用(收益)与会计利润关系的说明。

二、主要审计工作底稿

表 4－36

主营业务收入截止测试

被审计单位：	索引号：SA5－2
项目：主营业务收入截止测试	财务报表截止日/期间：
编制：	复核：
日期：	日期：

从明细账到发货单

<table>
<tr><th rowspan="2">编号</th><th colspan="4">明细账</th><th colspan="5">发票内容</th><th colspan="2">发货单</th><th rowspan="2">是否跨期
√(×)</th></tr>
<tr><th>日期</th><th>凭证号</th><th>主营业务收入</th><th>应交税金</th><th>日期</th><th>客户名称</th><th>货物名称</th><th>销售额</th><th>税额</th><th>日期</th><th>号码</th></tr>
<tr><td></td><td></td><td></td><td></td><td></td><td></td><td></td><td></td><td></td><td></td><td></td><td></td><td></td></tr>
<tr><td></td><td></td><td></td><td></td><td></td><td></td><td></td><td></td><td></td><td></td><td></td><td></td><td></td></tr>
<tr><td></td><td></td><td></td><td></td><td></td><td></td><td></td><td></td><td></td><td></td><td></td><td></td><td></td></tr>
<tr><td></td><td></td><td></td><td></td><td></td><td></td><td></td><td></td><td></td><td></td><td></td><td></td><td></td></tr>
<tr><td></td><td></td><td></td><td></td><td></td><td></td><td></td><td></td><td></td><td></td><td></td><td></td><td></td></tr>
<tr><td></td><td></td><td></td><td></td><td></td><td></td><td></td><td></td><td></td><td></td><td></td><td></td><td></td></tr>
<tr><td></td><td></td><td></td><td></td><td></td><td></td><td></td><td></td><td></td><td></td><td></td><td></td><td></td></tr>
<tr><td colspan="13">截止日前
————————————
截止日期：20×7年×月×日
————————————
截止日后</td></tr>
<tr><td></td><td></td><td></td><td></td><td></td><td></td><td></td><td></td><td></td><td></td><td></td><td></td><td></td></tr>
<tr><td></td><td></td><td></td><td></td><td></td><td></td><td></td><td></td><td></td><td></td><td></td><td></td><td></td></tr>
<tr><td></td><td></td><td></td><td></td><td></td><td></td><td></td><td></td><td></td><td></td><td></td><td></td><td></td></tr>
<tr><td></td><td></td><td></td><td></td><td></td><td></td><td></td><td></td><td></td><td></td><td></td><td></td><td></td></tr>
<tr><td></td><td></td><td></td><td></td><td></td><td></td><td></td><td></td><td></td><td></td><td></td><td></td><td></td></tr>
<tr><td></td><td></td><td></td><td></td><td></td><td></td><td></td><td></td><td></td><td></td><td></td><td></td><td></td></tr>
<tr><td></td><td></td><td></td><td></td><td></td><td></td><td></td><td></td><td></td><td></td><td></td><td></td><td></td></tr>
</table>

表 4－37

主营业务成本倒轧表

被审计单位：	索引号：SB5
项目：主营业务成本倒轧表	财务报表截止日/期间：
编制：	复核：
日期：	日期：

存货种类	未审数	审定数	索引号
期初原材料余额			
加：本期购货净额			
减：期末原材料余额			
减：其他原材料发出额			
直接材料成本			
加：直接人工成本			
加：制造费用			
产品生产成本			
加：在产品期初余额			
减：在产品期末余额			
减：其他在产品发出额			
库存商品成本			
加：库存商品期初余额			
减：库存商品期末余额			
减：其他库存商品发出额			
主营业务成本			

表 4－38

主营业务成本重大调整事项核查表

被审计单位：　　　　　　　　　　　索引号：SB6

项目：主营业务成本重大调整事项核查表　　财务报表截止日/期间：

编制：　　　　　　　　　　　　　　复核：

日期：　　　　　　　　　　　　　　日期：

月	日	凭证号	重大调整事项内容	调整金额		调整理由	理由是否充分	
				借方	贷方		是	否

编制说明：本表用于核查被审计单位账务处理中存在的重大主营业务成本调整事项的合理性。

表 4－39

资产减值损失审定表

被审计单位：
项目：资产减值损失审定表
编制：
日期：

索引号：SG1
财务报表截止日/期间：
复核：
日期：

项目名称	本期未审数	账项调整		本期审定数	上期审定数	索引号
		借方	贷方			
一、坏账损失						
二、存货跌价损失						
三、可供出售金融资产减值损失						
四、持有至到期投资减值损失						
五、长期股权投资减值损失						
六、投资性房地产减值损失						
七、固定资产减值损失						
八、工程物资减值损失						
九、在建工程减值损失						
十、无形资产减值损失						
十一、商誉减值损失						
十二、其他						
合　计						

审计结论：

表 4－40

资产减值损失明细表

被审计单位：
项目：资产减值损失明细表
编制：
日期：

索引号：SG2
财务报表截止日/期间：
复核：
日期：

项　　目	本期数	上期数	备　注
一、坏账损失			
二、存货跌价损失			
三、可供出售金融资产减值损失			
四、持有至到期投资减值损失			
五、长期股权投资减值损失			
六、投资性房地产减值损失			
七、固定资产减值损失			
八、工程物资减值损失			
九、在建工程减值损失			
十、无形资产减值损失			
十一、商誉减值损失			
十二、其他			
合　计			

表 4－41

公允价值变动损益明细表

被审计单位：
项目：公允价值变动损益明细表
编制：
日期：

索引号：SH2
财务报表截止日/期间：
复核：
日期：

产生公允价值变动收益的来源	本期数	上期数	备注
合　计			

表 4－42

公允价值变动损益审定表

被审计单位：	索引号：SH1
项目：公允价值变动损益审定表	财务报表截止日/期间：
编制：	复核：
日期：	日期：

项目名称	本期未审数	账项调整		本期审定数	上期审定数	索引号
		借方	贷方			
合　计						

审计结论：

表 4－43

递延所得税费用计算表

被审计单位：
项目：递延所得税费用计算表
编制：
日期：

索引号：SL3
财务报表截止日/期间：
复核：
日期：

项目		上期审定数①	本期审定数②	本期增加③	本期减少④	递延所得税费用（减：收益）⑤	索引号	备注
递延所得税资产							ZY1	
递延所得税负债							FP1	
合计								
减：不影响递延所得税费用的特殊交易或事项中涉及的递延所得税资产	1.							
	2.							
	3.							
	…							
	合计							
减：不影响递延所得税费用的特殊交易或事项中涉及的递延所得税负债	1.							
	2.							
	3.							
	…							
	合计							
递延所得税费用								

编制说明：

1. 通过本期审定数②与上期审定数①的比较计算得出本期增加③或本期减少④；
2. 递延所得税资产的增加表示递延所得税收益，递延所得税资产的减少表示递延所得税费用；
3. 递延所得税负债的增加表示递延所得税费用，递延所得税负债的减少表示递延所得税收益；
4. 抵减部分填列递延所得税资产/负债的变化不影响当期损益的变化的特殊交易或事项。

实训单元五　审计报告阶段的主要审计程序

实训一　期后事项

一、期后事项审计目标

1. 确定期后事项是否存在和完整；
2. 确定期后事项的会计处理是否符合企业会计准则的规定；
3. 确定期后事项的列报是否恰当。

二、期后事项主要审计程序

1. 检查被审计单位建立的、用于识别期后事项的政策和程序。

2. 取得并审阅股东大会、董事会和管理当局的会议记录以及涉及诉讼的相关文件等，查明识别资产负债表日后发生的对本期会计报表产生重大影响的事项，包括调整事项和非调整事项。调整事项包括截止日后已证实重大资产发生的减值、大额的销售退回、已确定获取或支付的大额赔偿、期后进一步确定了期前购入资产的成本或售出资产的收入、期后发现了财务报表舞弊或差错等；非调整事项包括期后发生的重大诉讼、仲裁、承诺、董事会批准了的利润分配方案、股票和债券的发行、巨额举债、资本公积转增资本、巨额亏损、企业合并或处置子公司、自然灾害导致资产重大损失、资产价格、税收政策、外汇汇率发生较大变动等。

3. 在尽量接近审计报告日时，查阅股东会、董事会及其专门委员会在资产负债表日后举行的会议的纪要，并在不能获取会议纪要时询问会议讨论的事项。

4. 在尽量接近审计报告日时，查阅最近的中期财务报表、主要会计科目、重要合同和会计凭证；如认为必要和适当，还应当查阅预算、现金流量预测及其他相关管理报告。

5. 在尽量接近审计报告日时，查阅被审计单位与客户、供应商、监管部门等的往来信函。

6. 在尽量接近审计报告日时，向被审计单位律师或法律顾问询问有关诉讼和索赔事项。

7. 在尽量接近审计报告日时，就以下内容（但不限于）向管理层询问可能影响财务报表的期后事项：

（1）根据初步或尚无定论的数据作出会计处理的项目的现状；

（2）是否发生新的担保、借款或承诺；

（3）是否出售或购进资产，或者计划出售或购进资产；

（4）是否已发行或计划发行新的股票或债券，是否已签订或计划签订合并或清算协议；

（5）资产是否被政府征用或因不可抗力而遭受损失；

（6）在风险领域和或有事项方面是否有新进展；

（7）是否已作出或考虑作出异常的会计调整；

（8）是否已发生或可能发生影响会计政策适当性的事项。

8. 结合期末账户余额的审计，对应予调整的资产负债表日后事项进行审计，着重查明资产负债表日后的重大购销业务和重大的收付款业务，有无不寻常的转账交易或调整分录。

9. 查询被审计单位在资产负债表日或审计期间已存在的重大财务承诺，并向被审计单位管理层询问，确定是否存在导致需调整或披露的期后事项。

10. 在财务报表报出后，如果知悉在审计报告日已存在的、可能导致修改审计报告的事实，也应当考虑是否需要修改财务报表，并与管理层讨论，同时根据具体情况采取适当措施。

11. 针对评估的舞弊风险等因素增加的审计程序。

12. 确定期后事项是否已按照企业会计准则的规定在财务报表中作出恰当列报：

(1)每项重要的资产负债表日后非调整事项的性质、内容，及其对财务状况和经营成果的影响；无法做出估计的，应当说明原因。

(2)资产负债表日后，企业利润分配方案中拟分配的以及经审议批准宣告发放的股利或利润。

三、期后事项审计应注意的问题

1. 期后事项的审计程序至少在两个时点执行：即将完成外勤工作时和提交审计报告时。两个时点间的间隔时间越长，审计人员对期后事项的审计就需要越多时间和精力。

2. 期后事项的审计程序取决于项目组的专业判断，可根据被审计单位的具体情况予以增减。

3. 期后事项应与销售确认、应付款项等的期后测试程序结合考虑，尤其是要对舞弊迹象保持警觉。例如，记录虚假销售的分录很可能在资产负债表日后转回，审计人员在审计期后销售退回、应收账款贷方记录等资料时就应保持警觉。再比如缺乏商业实质的交易也往往是舞弊的迹象。

4. 查阅会计记录应重点关注的项目：(1)与借款、固定资产销售相关的收款记录；(2)与异常开支有关的付款记录；(3)销售和应收账款中的大额退货、折让或贷项记录；(4)异常的会计分录。

期后事项审计工作底稿一般采用通用审计工作底稿，此处不再赘述。

实训二　审计总结

一、审计总结的主要工作

1. 召开项目组会议，汇总审计过程中发现的审计差异，根据错报的重要性确定建议被审计单位调整的事项，编制账项调整分录汇总表、重分类调整分录汇总表、列报调整汇总表、未更正错报汇总表以及试算平衡表草表。

2. 与被审计单位召开总结会，就下列事项进行沟通，形成总结会会议纪要并经双方签字认可：

(1)审计意见的类型及审计报告的措辞；

(2)账项调整分录汇总表、重分类调整分录汇总表、列报调整汇总表、未更正错报汇总表以及试算平衡表草表；

(3)对被审计单位持续经营能力具有重大影响的事项；

(4)含有已审计财务报表的文件中的其他信息对财务报表的影响；

(5)对完善内部控制的建议；

(6)执行该项审计业务的审计人员的独立性。

获得被审计单位同意账项调整、重分类调整和列报调整事项的书面确认；如果被审计单位不同意调整，应要求其说明原因。根据未更正错报的重要性，确定是否在审计报告中予以反映，以及如何反映。

在就上述有关问题与治理层沟通时，提交书面沟通函，并获得治理层的确认。

3. 编制正式的试算平衡表。

二、审计总结的主要工作底稿

表 5－1

账项调整分录汇总表

被审计单位：	索引号：EA
项目：账项调整分录汇总表	财务报表截止日/期间：
编制：	复核：
日期：	日期：

序号	内容及说明	索引号	调整内容				影响利润表+（－）	影响资产负债表+（－）
			借方项目	借方金额	贷方项目	贷方金额		

与被审计单位的沟通：

参加人员：

被审计单位：______________________________

审计项目组：______________________________

被审计单位的意见：

____

____

____

____

结论：

是否同意上述审计调整：____________

被审计单位授权代表签字：____________日期：________

表 5-2

重分类调整分录汇总表

被审计单位：	索引号：EB
项目：重分类调整分录汇总表	财务报表截止日/期间：
编制：	复核：
日期：	日期：

序号	内容及说明	索引号	调整项目和金额			
			借方项目	借方金额	贷方项目	贷方金额

与被审计单位的沟通：

参加人员：

被审计单位：______________________________

审计项目组：______________________________

被审计单位的意见：

____

____

____

____

结论：

是否同意上述审计调整：______________

被审计单位授权代表签字：______________日期：__________

表5-3

列报调整汇总表

被审计单位：	索引号：EC
项目：列报调整汇总表	财务报表截止日/期间：
编制：	复核：
日期：	日期：

一、被审计单位财务报表附注中的漏报项目包括：

二、被审计单位财务报表附注中的错报调整项目包括：

表 5－4

未更正错报汇总表

被审计单位：
项目：未更正错报汇总表
编制：
日期：

索引号：ED
财务报表截止日/期间：
复核：
日期：

序号	内容及说明	索引号	未调整内容				备　注
			借方项目	借方金额	贷方项目	贷方金额	

未更正错报的影响：

项　目	金额	百分比	计划百分比
1. 总资产	________	________	________
2. 净资产	________	________	________
3. 销售收入	________	________	________
4. 费用总额	________	________	________
5. 毛利	________	________	________
6. 净利润	________	________	________

结论：

被审计单位授权代表签字：____________________日期：________

表 5 – 5

资产负债表试算平衡表

被审计单位：	索引号：EE – 1
项目：资产负债表试算平衡表	财务报表截止日/期间：
编制：	复核：
日期：	日期：

项目	期末未审数	账项调整		重分类调整		期末审定数	项目	期末未审数	账项调整		重分类调整		期末审定数
		借方	贷方	借方	贷方				借方	贷方	借方	贷方	
货币资金							短期借款						
交易性金融资产							交易性金融负债						
应收票据							应付票据						
应收账款							应付账款						
预付款项							预收款项						
应收利息							应付职工薪酬						
应收股利							应交税费						
其他应收款							应付利息						
存货							应付股利						
一年内到期的非流动资产							其他应付款						
其他流动资产							一年内到期的非流动负债						

续表 5－5

项　目	期末未审数	账项调整		重分类调整		期末审定数	项　目	期末未审数	账项调整		重分类调整		期末审定数
		借方	贷方	借方	贷方				借方	贷方	借方	贷方	
可供出售金融资产							其他流动负债						
持有至到期投资							长期借款						
长期应收款							应付债券						
长期股权投资							长期应付款						
投资性房地产							专项应付款						
固定资产							预计负债						
在建工程							递延所得税负债						
工程物资							其他非流动负债						
固定资产清理							实收资本(或股本)						
无形资产							资本公积						
开发支出							盈余公积						
商誉							未分配利润						
长期待摊费用													
递延所得税资产													
其他非流动资产													
合　计							合　计						

表 5－6

利润表试算平衡表

被审计单位：	索引号：EE－2
项目：利润表试算平衡表	财务报表截止日/期间：
编制：	复核：
日期：	日期：

项　　目	未审数	调整金额		审定数	索引号
		借方	贷方		
一、营业收入					
减：营业成本					
营业税金及附加					
销售费用					
管理费用					
财务费用					
资产减值损失					
加：公允价值变动损益					
投资收益					
二、营业利润					
加：营业外收入					
减：营业外支出					
三、利润总额					
减：所得税费用					
四、净利润					

表 5 – 7

总结会会议纪要

被审计单位： 项目：总结会会议纪要 编制： 日期：	索引号：EF 财务报表截止日/期间： 复核： 日期：

会议地点：
会议时间：
会议组织者：
参加会议者：
记录员：
会议议题：

索引号：EG

与治理层的沟通函

S 公司董事会(审计委员会)：

根据《中国注册会计师审计准则第 1151 号——与治理层的沟通》的规定，在上市公司审计中，审计人员应当就自身的独立性与治理层进行书面沟通。此外，审计人员还应当就与财务报表审计相关且根据职业判断认为与治理层责任相关的重大事项，以适当的方式及时与治理层沟通。保持有效的双向沟通关系，有利于审计人员与治理层履行各自的职责。

必须特别强调的是，除法律法规和审计准则另有规定的情形之外，这份书面沟通文件仅供贵公司治理层使用，我们对第三方不承担任何责任，未经我们事先书面同意，沟通文件不得被引用、提及或向其他人披露。

一、独立性问题

现就独立性问题声明如下：

(一)参与贵公司审计工作的审计项目组成员、本会计师事务所其他相关人员以及本会计师事务所按照法律法规和职业道德规范的规定保持了独立性；

(二)根据职业判断，我们认为本会计师事务所与贵公司之间不存在可能影响独立性的关系和事项；

(三)我们已经根据法律法规和职业道德规范的规定采取了必要的防护措施，以防止可能出现的对独立性的威胁。

二、重大事项

以下内容是与我们对贵公司 20×7 年度财务报表进行审计相关的、按规定应予沟通的重大事项：

(一)对贵公司所采用的会计政策、会计估计和财务报表披露的看法；

(二)审计工作中遇到的重大困难；

(三)未更正错报；

……

我们发现，贵公司……

我们已于 20×8 年×月×日就上述事项与贵公司管理层沟通并提请更正，但至今尚未得到更正。如不更正，将会导致少计费用，从而虚增年度利润的后果。根据该笔业务的性质和重要程度，我们对贵公司 20×7 年度的财务报表将不能出具标准无保留意见的审计报告。现再次提请贵公司予以更正。

……

(四)其他事项

……

××会计师事务所(盖章)

注册会计师：(签名并盖章)

20×8 年×月×日

贵公司的意见：

____

____

____

____

结论：

是否同意上述本所就独立性问题所做的声明以及就上述重大事项所作的说明______________

____

贵公司授权代表签字：______________________日期：__________

实训三　审计复核

一、审计复核的主要工作

1．对财务报表进行总体复核，评价财务报表总体合理性。如果识别出以前未识别的重大错报风险，应重新考虑对全部或部分交易、账户余额、列报评估的风险是否恰当，并在此基础上重新评价之前实施的审计程序是否充分，是否有必要追加审计程序。

2．将项目组成员间意见分歧的解决过程，记录于专业意见分歧解决表中。汇总重大事项，编制重大事项概要。

3．评价审计结果，形成审计意见，并草拟审计报告：

(1)对重要性和审计风险进行最终评价，确定是否需要追加审计程序或提请被审计单位做出必要调整：

①按财务报表项目确定可能的错报金额；

②确定财务报表项目可能错报金额的汇总数(即可能错报总额)对财务报表层次重要性水平的影响程度。

(2)对被审计单位已审计财务报表形成审计意见并草拟审计报告。

4．由项目负责经理复核工作底稿。

5．由项目负责合伙人复核工作底稿。

6．必要时，实施项目质量控制复核。

二、审计复核的主要工作底稿

表5－8

专业意见分歧解决表

被审计单位：	索引号：EH
项目：专业意见分歧解决表	财务报表截止日/期间：
编制：	复核：
日期：	日期：

一、存在专业意见分歧的人员及其职位

姓　名	职　位

二、专业意见分歧

（注：简述存在专业意见分歧的会计或审计问题）

三、解决方式

（注：简述为解决意见分歧采取的措施和获取的审计证据，包括查阅的专业文献和向专家咨询的意见等。如必要，记录与管理层或其他人员就该问题进行讨论的情况，包括讨论时间、讨论对象以及对方的回应等）

四、解决过程

（注：记录最后形成结论的过程。记录对相互矛盾的审计证据或相互矛盾的观点的考虑，以及解决过程）

五、结论

（注：记录最后形成的结论以及形成结论的基础）

最终结论批准人：________ 批准日期：________

下列人员不同意最终形成的结论：

姓名	日期
________	________

表 5－9

重大事项概要汇总表

被审计单位：	索引号：EI
项目：重大事项概要汇总表	财务报表截止日/期间：
编制：	复核：
日期：	日期：

一、引起特别风险的事项

审计目标	
重大错报风险评估结果及得出评估结果的理由	
总体方案和发现	
采用__________方案（综合性或实质性方案），具体审计程序包括： 有关具体审计程序的详细内容，见审计工作底稿…… 审计发现：	
结论：	

二、实施审计程序的结果

1. 修正以前对重大错报风险的评估和针对这些风险拟采取的应对措施：

对以前重大错报风险评估结果的修正及原因
对修正后的重大错报风险评估结果的应对措施
对进一步审计程序的总体方案的重大更改
对拟实施的进一步审计程序的重大更改

审计目标	

2. 未更正错报汇总：

三、导致难以实施必要审计程序的情形

审计目标	
导致难以实施必要审计程序的情形及其解决方法	

四、可能导致出具非标准审计报告的事项

事项及解决方法

实训四 审计报告

一、审计报告的主要工作

1. 向适当的高级管理人员获取经签署的管理层声明书，并确定其日期与审计报告的日期一致。

2. 撰写审计工作总结。

3. 完成审计工作完成情况核对表。

4. 完成业务复核核对表。

5. 正式签发审计报告。

二、审计报告主要工作底稿

索引号：EJ

管理层声明书

××会计师事务所并××注册会计师：

本公司已委托贵事务所对本公司20×7年×月×日的资产负债表，20×7年度的利润表、现金流量表和股东权益变动表以及财务报表附注进行审计，并出具审计报告。

为配合贵事务所的审计工作，本公司就已知的全部事项作出如下声明：

1. 本公司承诺，按照企业会计准则和《××会计制度》的规定编制财务报表是我们的责任。

2. 本公司已按照企业会计准则和《××会计制度》的规定编制20×7年度财务报表，财务报表的编制基础与上年度保持一致，本公司管理层对上述财务报表的真实性、合法性和完整性承担责任。

3. 设计、实施和维护内部控制，保证本公司资产安全和完整，防止或发现并纠正错报，是本公司管理层的责任。

4. 本公司承诺财务报表符合适用的会计准则和相关会计制度的规定，公允反映本公司的财务状况、经营成果和现金流量情况，不存在重大错报，包括漏报。贵事务所在审计过程中发现的未更正错报，无论是单独还是汇总起来，对财务报表整体均不具有重大影响。未更正错报汇总表附后。

5. 本公司已向贵事务所提供了：

(1)全部财务信息和其他数据；

(2)全部重要的决议、合同、章程、纳税申报表等相关资料；

(3)全部股东会和董事会的会议记录。

6. 本公司所有经济业务均已按规定入账，不存在账外资产或未计负债。

7. 本公司认为所有与公允价值计量相关的重大假设是合理的，恰当地反映了本公司的意图和采取特定措施的能力；用于确定公允价值的计量方法符合企业会计准则的规定，并在使用上保持了一贯性；本公司已在财务报表中对上述事项作出恰当披露。

8. 本公司不存在导致重述比较数据的任何事项。

9. 本公司已提供所有与关联方和关联方交易相关的资料，并已根据企业会计准则和《××会计制度》的规定识别和披露了所有重大关联方交易。

10. 本公司已提供全部或有事项的相关资料。除财务报表附注中披露的或有事项外，本公司不存在其他应披露而未披露的诉讼、赔偿、承兑、担保等或有事项。

11. 除财务报表附注披露的承诺事项外，本公司不存在其他应披露而未披露的承诺事项。

12. 本公司不存在未披露的影响财务报表公允性的重大不确定事项。

13. 本公司已采取必要措施防止或发现舞弊及其他违反法规行为，未发现：

(1)涉及管理层的任何舞弊行为或舞弊嫌疑的信息；

(2)涉及对内部控制产生重大影响的员工的任何舞弊行为或舞弊嫌疑的信息；

(3)涉及对财务报表的编制具有重大影响的其他人员的任何舞弊行为或舞弊嫌疑的信息。

14. 本公司严格遵守了合同规定的条款，不存在因未履行合同而对财务报表产生重大影响的事项。

15. 本公司对资产负债表上列示的所有资产均拥有合法权利，除已披露事项外，无其他被抵押、质押资产。

16. 本公司编制财务报表所依据的持续经营假设是合理的，没有计划终止经营或破产清算。

17. 本公司已提供全部资产负债表日后事项的相关资料，除财务报表附注中披露的资产负债表日后事项外，本公司不存在其他应披露而未披露的重大资产负债表日后事项。

18. 本公司管理层确信：

(1)未收到监管机构有关调整或修改财务报表的通知；

(2)无税务纠纷。

19. 其他事项。

(审计人员认为重要而需声明的事项，或者管理层认为必要而声明的事项。例如，

1. 本公司在银行存款或现金运用方面未受到任何限制。

2. 本公司对存货均已按照企业会计准则的规定予以确认和计量；受托代销商品或不属于本公司的存货均未包括在会计记录内；在途物资或由代理商保管的货物均已确认为本公司存货。

3. 本公司不存在未披露的大股东及关联方占用资金和担保事项。)

S公司(盖章)

法定代表人：(签名)

财务负责人：(签名)

20×8年×月×日

附件

表 5－10

未更正错报汇总表

序号	内容及说明	索引号	未调整内容				备　注
			借方项目	借方金额	贷方项目	贷方金额	

本公司经考虑认为，上述未更正错报对公司财务报表整体不会产生重大影响，未予调整。

表 5－11

审计工作总结

被审计单位：	索引号：EK
项目：审计工作总结	财务报表截止日/期间：
编制：	复核：
日期：	日期：

一、评估的财务报表层次的重大错报风险及总体应对措施
二、评估的特别风险及应对措施
三、对审计计划作出的修改及其原因
四、对被审计单位持续经营能力产生影响的事项及其处理
五、对期后事项的审查情况
六、重大问题处理及与客户交换意见情况
七、审计结论
八、对下年度工作的建议

表 5－12

审计工作完成情况核对表

被审计单位：	索引号：EL
项目：审计工作完成情况核对表	财务报表截止日/期间：
编制：	复核：
日期：	日期：

审　　计　　工　　作	是/否/不适用	备　注	索引号
1. 是否执行业务承接或保持的相关程序？			
2. 是否签订审计业务约定书？			
3. 是否制定总体审计策略？			
4. 审计计划制定过程中，是否了解被审计单位及其环境并评估重大错报风险，包括舞弊风险？			
5. 是否召开项目组会议？			
6. 审计计划是否经适当人员批准？			
7. 是否与被审计单位就审计计划进行沟通？			
8. 计划的审计程序是否得到较好执行，对计划的修改是否得到记录？			
9. 是否已获取所有必要的来自银行、律师、债权人、债务人、持有存货的第三方等外部机构的询证函回函或确认函？			
10. 所有重要实物资产是否均已实施监盘？			
11. 当涉及利用其他审计人员的工作时，对其他审计人员的工作结果是否满意？			
12. 计划执行的各项审计程序是否全部执行完毕，未能执行的审计程序是否实施了替代审计程序？			
13. 审计范围是否受到限制？			
14. 计划确定的重大错报风险，包括舞弊导致的重大错报风险是否仍旧恰当，是否需要追加审计程序？			
15. 是否恰当应对在审计过程中识别的舞弊导致的重大错报风险？			
16. 是否审查期后事项，并考虑对财务报表的影响？			

续表 5 – 12

审　　计　　工　　作	是/否/不适用	备　注	索引号
17. 是否审查或有事项，并考虑对财务报表的影响？			
18. 是否审查关联方及关联方交易，并考虑对财务报表的影响？			
19. 是否审查对被审计单位持续经营能力具有重大影响的事项？			
20. 是否及时查阅了与已审计财务报表相关的其他信息，并充分考虑了其他信息对已审计财务报表的影响？			
21. 是否已就审计中发现的重大错报及其他对财务报表产生重大影响的重大事项与适当层次的管理层或治理层沟通？			
22. 是否在审计结束时或临近结束时对财务报表进行总体复核？			
23. 是否召开项目组会议，并确定建议调整事项和编制试算平衡表草表？			
24. 是否编制重大事项概要，是否所有重大事项均已得到满意解决？			
25. 是否与被审计单位召开总结会，就建议调整事项进行沟通，形成总结会会议纪要，并经被审计单位确认？			
26. 是否获取被审计单位对所有调整事项的确认？			
27. 是否累计所有未更正错报，包括错误和推断差异，并评估未更正错报对财务报表的影响？			
28. 未更正错报汇总表是否经被审计单位确认？			
29. 董事会或管理层是否接受已审计财务报表？			
30. 项目负责经理是否已复核工作底稿？			
31. 项目负责合伙人是否已复核工作底稿？ 32. 是否已完成项目质量控制复核(必要时)？			
33. 是否已取得经签署的管理层声明书原件，并确定其签署日期与审计报告日期一致？			
34. 是否完成审计总结？			

表5-13

业务复核核对表

被审计单位：	索引号：EM
项目：	财务报表截止日/期间：
编制：	复核：
日期：	日期：

一、项目负责经理复核

复　核　事　项	是/否/不适用	备　注
1. 是否已复核已完成的审计计划，以及导致对审计计划作出重大修改的事项？		
2. 是否已复核重要的财务报表项目？		
3. 是否已复核特殊交易或事项，包括债务重组、关联方交易、非货币性交易、或有事项、期后事项、持续经营能力等？		
4. 是否已复核重要会计政策、会计估计的变更？		
5. 是否已复核重大事项概要？		
6. 是否已复核建议调整事项？		
7. 是否已复核管理层声明书，股东大会、董事会相关会议纪要，与客户的沟通记录及重要会谈记录，律师询证函复函？		
8. 是否已复核审计小结？		
9. 是否已复核已审计财务报表和拟出具的审计报告？		
10. 实施上述复核后，是否可以确定下列事项：		
(1)审计工作底稿提供了充分、适当的记录，作为审计报告的基础？		
(2)已按照中国注册会计师审计准则的规定执行了审计工作？		
(3)对重大错报风险的评估及采取的应对措施是恰当的，针对存在特别风险的审计领域，设计并实施了针对性的审计程序，且得出了恰当的审计结论？		
(4)作出的重大判断恰当合理？		
(5)提出的建议调整事项恰当，相关调整分录正确？		
(6)未更正错报无论是单独还是汇总起来对财务报表整体均不具有重大影响？		
(7)已审计财务报表的编制符合企业会计准则的规定，在所有重大方面公允反映了被审计单位的财务状况、经营成果和现金流量？		
(8)拟出具的审计报告措辞恰当，已按照中国注册会计师审计准则的规定发表了恰当的审计意见？		

签字：________________　　　日期：__________

二、项目负责合伙人复核

复　　核　　事　　项	是/否/不适用	备　注
1. 是否已复核已完成的审计计划，以及导致对审计计划作出重大修改的事项？		
2. 是否已复核重大事项概要？		
3. 是否已复核存在特别风险的审计领域，以及项目组采取的应对措施？		
4. 是否已复核项目组作出的重大判断？		
5. 是否已复核建议调整事项？		
6. 是否已复核管理层声明书，股东大会、董事会相关会议纪要，与客户的沟通记录及重要会谈记录，律师询证函复函？		
7. 是否已复核审计小结？		
8. 是否已复核已审计财务报表和拟出具的审计报告？		
9. 实施上述复核后，是否可以确定：		
(1)对项目负责经理实施的复核结果满意？		
(2)对重大错报风险的评估及采取的应对措施是恰当的，针对存在特别风险的审计领域，设计并实施了针对性的审计程序，且得出了恰当的审计结论？		
(3)项目组作出的重大判断恰当合理？		
(4)提出的建议调整事项恰当合理，未更正错报无论是单独还是汇总起来对财务报表整体均不具有重大影响？		
(5)已审计财务报表的编制符合企业会计准则的规定，在所有重大方面公允反映了被审计单位的财务状况、经营成果和现金流量？		
(6)拟出具的审计报告措辞恰当，已按照中国注册会计师审计准则的规定发表了恰当的审计意见？		

签字：________________　　　日期：__________

三、项目质量控制复核

复核事项 （由独立的项目质量控制复核人员进行复核。项目质量控制复核适用于上市公司财务报表审计或会计师事务所规定的其他类型审计业务。）	是/否/不适用	备注
1. 项目质量控制复核之前进行的复核是否均已得到满意的执行？		
2. 是否已复核项目组针对本业务对本所独立性作出的评价，并认为该评价是恰当的？		
3. 是否已复核项目组在审计过程中识别的特别风险以及采取的应对措施，包括项目组对舞弊风险的评估及采取的应对措施，认为项目组作出的判断和应对措施是恰当的？		
4. 是否已复核项目组作出的判断，包括关于重要性和特别风险的判断，认为这些判断恰当合理？		
5. 是否确定项目组已就存在的意见分歧、其他疑难问题或争议事项进行适当咨询，且咨询得出的结论是恰当的？		
6. 是否已复核项目组与管理层和治理层沟通的记录以及拟与其沟通的事项，对沟通情况表示满意？		
7. 是否认为所复核的审计工作底稿反映了项目组针对重大判断执行的工作，能够支持得出的结论？		
8. 是否已复核已审计财务报表和拟出具的审计报告，认为已审计财务报表符合企业会计准则的规定，拟出具的审计报告已按照中国注册会计师审计准则的规定发表了恰当的审计意见？		

签字：______________________　　　　日期：____________

审计报告范例

一、标准审计报告的参考格式

审 计 报 告

S公司全体股东：

我们审计了后附的S公司财务报表，包括20×7年×月×日的资产负债表，20×7年度的利润表、现金流量表和股东权益变动表以及财务报表附注。

一、管理层对财务报表的责任

按照企业会计准则和《××会计制度》的规定编制财务报表是S公司管理层的责任。这种责任包括：(1)设计、实施和维护与财务报表编制相关的内部控制，以使财务报表不存在由于舞弊或错误而导致的重大错报；(2)选择和运用恰当的会计政策；(3)作出合理的会计估计。

二、审计人员的责任

我们的责任是在实施审计工作的基础上对财务报表发表审计意见。我们按照中国注册会计师审计准则的规定执行了审计工作。中国注册会计师审计准则要求我们遵守职业道德规范，计划和实施审计工作以对财务报表是否不存在重大错报获取合理保证。

审计工作涉及实施审计程序，以获取有关财务报表金额和披露的审计证据。选择的审计程序取决于审计人员的判断，包括对由于舞弊或错误导致的财务报表重大错报风险的评估。在进行风险评估时，我们考虑与财务报表编制相关的内部控制，以设计恰当的审计程序，但目的并非对内部控制的有效性发表意见。审计工作还包括评价管理层选用会计政策的恰当性和作出会计估计的合理性，以及评价财务报表的总体列报。

我们相信，我们获取的审计证据是充分、适当的，为发表审计意见提供了基础。

三、审计意见

我们认为，S公司财务报表已经按照企业会计准则和《××会计制度》的规定编制，在所有重大方面公允反映了S公司20×7年×月×日的财务状况以及20×7年度的经营成果和现金流量。

××会计师事务所　　　　　　　　注册会计师：(签名并盖章)
(盖章)

注册会计师：(签名并盖章)

中国××市　　　　　　　　20×8年×月×日

二、非标准审计报告的参考格式

1. 带强调事项段的无保留意见的审计报告

审 计 报 告

S公司全体股东：

我们审计了后附的S公司财务报表，包括20×7年×月×日的资产负债表，20×7年度的利润表、现金流量表和股东权益变动表以及财务报表附注。

一、管理层对财务报表的责任

按照企业会计准则和《××会计制度》的规定编制财务报表是S公司管理层的责任。这种责任包括：(1)设计、实施和维护与财务报表编制相关的内部控制，以使财务报表不存在由于舞弊或错误而导致的重大错报；(2)选择和运用恰当的会计政策；(3)作出合理的会计估计。

二、审计人员的责任

我们的责任是在实施审计工作的基础上对财务报表发表审计意见。我们按照中国注册会计师审计准则的规定执行了审计工作。中国注册会计师审计准则要求我们遵守职业道德规范，计划和实施审计工作以对财务报表是否不存在重大错报获取合理保证。

审计工作涉及实施审计程序，以获取有关财务报表金额和披露的审计证据。选择的审计程序取决于审计人员的判断，包括对由于舞弊或错误导致的财务报表重大错报风险的评估。在进行风险评估时，我们考虑与财务报表编制相关的内部控制，以设计恰当的审计程序，但目的并非对内部控制的有效性发表意见。审计工作还包括评价管理层选用会计政策的恰当性和作出会计估计的合理性，以及评价财务报表的总体列报。

我们相信，我们获取的审计证据是充分、适当的，为发表审计意见提供了基础。

三、审计意见

我们认为，S公司财务报表已经按照企业会计准则和《××会计制度》的规定编制，在所有重大方面公允反映了S公司20×7年×月×日的财务状况以及20×7年度的经营成果和现金流量。

四、强调事项

我们提醒财务报表使用者关注，如财务报表附注×所述，S公司在20×7年发生亏损×万元，在20×7年×月×日，流动负债高于资产总额×万元。S公司已在财务报表附注×充分披露了拟采取的改善措施，但其持续经营能力仍然存在重大不确定性。本段内容不影响已发表的审计意见。

××会计师事务所　　　　注册会计师：(签名并盖章)

(盖章)

注册会计师：(签名并盖章)

中国××市　　　　20×8年×月×日

2. 保留意见的审计报告(审计范围受到限制)

审 计 报 告

S 公司全体股东:

我们审计了后附的 S 公司财务报表,包括 20×7 年×月×日的资产负债表,20×7 年度的利润表、现金流量表和股东权益变动表以及财务报表附注。

一、管理层对财务报表的责任

按照企业会计准则和《××会计制度》的规定编制财务报表是 S 公司管理层的责任。这种责任包括:(1)设计、实施和维护与财务报表编制相关的内部控制,以使财务报表不存在由于舞弊或错误而导致的重大错报;(2)选择和运用恰当的会计政策;(3)作出合理的会计估计。

二、审计人员的责任

我们的责任是在实施审计工作的基础上对财务报表发表审计意见。除本报告"三、导致保留意见的事项"所述事项外,我们按照中国注册会计师审计准则的规定执行了审计工作。中国注册会计师审计准则要求我们遵守职业道德规范,计划和实施审计工作以对财务报表是否不存在重大错报获取合理保证。

审计工作涉及实施审计程序,以获取有关财务报表金额和披露的审计证据。选择的审计程序取决于审计人员的判断,包括对由于舞弊或错误导致的财务报表重大错报风险的评估。在进行风险评估时,我们考虑与财务报表编制相关的内部控制,以设计恰当的审计程序,但目的并非对内部控制的有效性发表意见。审计工作还包括评价管理层选用会计政策的恰当性和作出会计估计的合理性,以及评价财务报表的总体列报。

我们相信,我们获取的审计证据是充分、适当的,为发表审计意见提供了基础。

三、导致保留意见的事项

S 公司 20×7 年×月×日的应收账款余额×万元,占资产总额的×%。由于 S 公司未能提供债务人地址,我们无法实施函证以及其他审计程序,以获取充分、适当的审计证据。

四、审计意见

我们认为,除了前段所述未能实施函证可能产生的影响外,S 公司财务报表已经按照企业会计准则和《××会计制度》的规定编制,在所有重大方面公允反映了 S 公司 20×7 年×月×日的财务状况以及 20×7 年度的经营成果和现金流量。

××会计师事务所　　　　注册会计师:(签名并盖章)
(盖章)

注册会计师:(签名并盖章)

中国××市　　　　20×8 年×月×日

3. 否定意见的审计报告

审 计 报 告

S公司全体股东：

我们审计了后附的S公司财务报表，包括20×7年×月×日的资产负债表，20×7年度的利润表、现金流量表和股东权益变动表以及财务报表附注。

一、管理层对财务报表的责任

按照企业会计准则和《××会计制度》的规定编制财务报表是S公司管理层的责任。这种责任包括：(1)设计、实施和维护与财务报表编制相关的内部控制，以使财务报表不存在由于舞弊或错误而导致的重大错报；(2)选择和运用恰当的会计政策；(3)作出合理的会计估计。

二、审计人员的责任

我们的责任是在实施审计工作的基础上对财务报表发表审计意见。我们按照中国注册会计师审计准则的规定执行了审计工作。中国注册会计师审计准则要求我们遵守职业道德规范，计划和实施审计工作以对财务报表是否不存在重大错报获取合理保证。

审计工作涉及实施审计程序，以获取有关财务报表金额和披露的审计证据。选择的审计程序取决于审计人员的判断，包括对由于舞弊或错误导致的财务报表重大错报风险的评估。在进行风险评估时，我们考虑与财务报表编制相关的内部控制，以设计恰当的审计程序，但目的并非对内部控制的有效性发表意见。审计工作还包括评价管理层选用会计政策的恰当性和作出会计估计的合理性，以及评价财务报表的总体列报。

我们相信，我们获取的审计证据是充分、适当的，为发表审计意见提供了基础。

三、导致否定意见的事项

如财务报表附注×所述，S公司的长期股权投资未按企业会计准则的规定采用权益法核算。如果按权益法核算，S公司的长期投资账面价值将减少×万元，净利润将减少×万元，从而导致S公司由盈利×万元变为亏损×万元。

四、审计意见

我们认为，由于受到前段所述事项的重大影响，S公司财务报表没有按照企业会计准则和《××会计制度》的规定编制，未能在所有重大方面公允反映S公司20×7年×月×日的财务状况以及20×7年度的经营成果和现金流量。

××会计师事务所　　　　注册会计师：(签名并盖章)
(盖章)

注册会计师：(签名并盖章)

中国××市　　　　20×8年×月×日

4. 无法表示意见的审计报告

审 计 报 告

S公司全体股东:

我们接受委托，审计后附的S公司财务报表，包括20×7年×月×日的资产负债表，20×7年度的利润表、现金流量表和股东权益变动表以及财务报表附注。

一、管理层对财务报表的责任

按照企业会计准则和《××会计制度》的规定编制财务报表是S公司管理层的责任。这种责任包括：(1)设计、实施和维护与财务报表编制相关的内部控制，以使财务报表不存在由于舞弊或错误而导致的重大错报；(2)选择和运用恰当的会计政策；(3)作出合理的会计估计。

二、导致无法表示意见的事项

S公司未对20×7年×月×日的存货进行盘点，金额为×万元，占期末资产总额的40%。我们无法实施存货监盘，也无法实施替代审计程序，以对期末存货的数量和状况获取充分、适当的审计证据。

三、审计意见

由于上述审计范围受到限制可能产生的影响非常重大和广泛，我们无法对S公司财务报表发表意见。

××会计师事务所　　　　　　注册会计师：(签名并盖章)
(盖章)

注册会计师：(签名并盖章)

中国××市　　　　　　20×8年×月×日

图书在版编目(CIP)数据

审计实训/邹德军主编．—长沙：中南大学出版社，2008.7
ISBN 978-7-81105-532-0

Ⅰ．审…　Ⅱ．邹…　Ⅲ．审计学－教材　Ⅳ．F239.0

中国版本图书馆CIP数据核字(2008)第120186号

审计实训

主编　邹德军

□责任编辑　张　曦
□责任印制　周　颖
□出版发行　中南大学出版社
社址：长沙市麓山南路　　邮编：410083
发行科电话：0731 88876770　　传真：0731-88710482
□印　　装　长沙市利君漾印刷厂

□开　　本　787×1092　1/16　□印张 13.25　□字数 331 千字　插页 2
□版　　次　2008年7月第1版　□2010年7月第2次印刷
□书　　号　ISBN 978-7-81105-532-0
□定　　价　22.00元